纳税
快学快用实操笔记

韩坤珏 ◎ 著

电子工业出版社
Publishing House of Electronics Industry
北京·BEIJING

内 容 简 介

税务工作在企业财税人员工作中所占的比例越来越大，了解和掌握与企业税务相关的各项知识和技能，是企业财税人员开展工作的必要前提。本书由浅入深、由易到难地从税务基础知识和税务处理方法两个方面介绍了与税务有关的各个知识点，包括认识税收、能力修炼、增值税、消费税、企业所得税、个人所得税、财产税、行为税及纳税筹划等。

本书从企业财税人员的角度出发，围绕纳税实务进行编写，力求贴近实际操作，突出财税人员应具备的基本知识和操作技能，内容翔实具体。在编排上，本书着重介绍了企业财税人员在处理不同税种时应该把握的重点内容，具有较强的实用性和可操作性。

未经许可，不得以任何方式复制或抄袭本书之部分或全部内容。
版权所有，侵权必究。

图书在版编目（CIP）数据

纳税：快学快用实操笔记 / 韩坤珏著．—北京：电子工业出版社，2021.3
ISBN 978-7-121-40584-6

Ⅰ．①纳… Ⅱ．①韩… Ⅲ．①企业管理—纳税—中国 Ⅳ．①F812.423

中国版本图书馆CIP数据核字（2021）第029968号

责任编辑：王陶然
印　　刷：三河市鑫金马印装有限公司
装　　订：三河市鑫金马印装有限公司
出版发行：电子工业出版社
　　　　　北京市海淀区万寿路173信箱　邮编　100036
开　　本：720×1000　1/16　印张：16.5　字数：270千字
版　　次：2021年3月第1版
印　　次：2021年3月第1次印刷
定　　价：55.00元

凡所购买电子工业出版社图书有缺损问题，请向购买书店调换。若书店售缺，请与本社发行部联系，联系及邮购电话：（010）88254888，88258888。
质量投诉请发邮件至 zlts@phei.com.cn，盗版侵权举报请发邮件至 dbqq@phei.com.cn。
本书咨询联系方式：（010）57565890，meidipub@phei.com.cn。

税收涉及人们生产和生活的方方面面。它是国家财政收入的重要来源，是国家发展公益事业、促进经济和社会全面发展及实现国家管理职能的基本保证，一切经济组织和公民都有依法纳税的义务。

企业财税人员的核心工作是管理日常财务核算工作和定期办理纳税事宜。税务工作在财税人员工作中所占的比例越来越大，了解和掌握与企业税务相关的各项技能，是财税人员开展工作的必要前提。

税务成本在企业生产成本中占据了不小的比例，税务风险也伴随着税务工作的开展而存在。为了减少税务成本、降低税务风险，许多财税人员耗费大量精力刻苦钻研，但很少有人能够系统、全面地达成这一目标。

此外，随着我国税收环境的日渐改善及税收政策的不断调整，一本内容全面、新颖的税务知识介绍及纳税筹划方法讲解类书籍成为财税人员的迫切需求。本书顺应时代而生，响应国家政策，希望能够给予财税人员一定的帮助。

本书包含两个部分，共9章。

第一部分是税务基础知识，主要内容包括：

- ✓ 认识税收：准确把握政策变化。
- ✓ 能力修炼：练就五大专项能力。

第二部分是税务处理方法，主要内容包括：

- ✓ 增值税：撬动企业利润的杠杆。
- ✓ 消费税：调节结构，引导方向。
- ✓ 企业所得税：企业经济发展的根本。
- ✓ 个人所得税：明明白白缴个税。
- ✓ 财产税：提高财产使用效果。
- ✓ 行为税：经济监督的主要手段。
- ✓ 纳税筹划：进行整体纳税筹划。

本书主要有以下几个特色：

1. 知识结构完整

本书系统阐述了税务各方面的知识，内容涉及认识税收、能力修炼、增值税、消费税、企业所得税、个人所得税、财产税、行为税及纳税筹划等相关知识。

2. 参照新税法法律法规制度编写

本书结合新政策进行编写，以2020年最新发布或施行的税收政策为编写依据，与时代发展方向保持一致，对财税人员开展税务工作具有较强的指导性。依据新法律、法规，本书对纳税筹划的方法进行了改进和完善，与时俱进地反映了财税人员进行纳税筹划的新思路、新方法，这些方法能够有效帮助财税人员降低税务成本，节约资源。

3. 突出重点与兼顾全面相结合

本书力求系统、全面地介绍税务知识，但在纳税筹划方法上不追求面面俱到，而是突出重点，介绍常用、实用的纳税筹划方法，便于读者快速掌握与运用，有效地将理论与实际相结合，同时又不至于陷入繁复多变的方法之中无法抉择。

4. 语言平实，通俗易懂

税务知识较为繁杂，有些甚至晦涩难懂。本书以案例引入，语言平实，将晦涩的知识以简单、通俗的语言表达出来，使财税人员更易理解和记忆。

5. 以学以致用为目的

本书在每节结尾处设置了"实操笔记"板块，并且附有相应问题的答案，读者可通过回答问题进行自我检测，达到边学边用的效果；书中包含大量实操案例，帮助读者理解税务工作的方法，使读者加深印象，真正做到活学活用。

老子云："天下大事必作于细。"一名合格的企业财税人员必须具备扎实的税法知识功底、强烈的税收法律意识、严谨的工作态度、娴熟的纳税筹划技能、良好的沟通能力，以及"活到老学到老"的学习态度，希望企业财税人员通过阅读本书，能够提高以上素质。

最后，本书的编写集众家所长，但难免存在疏漏和不当之处，欢迎广大读者提出宝贵的意见和建议！

第一部分　税务基础知识

第1章　认识税收：准确把握政策变化

1.1　税收的定义、特点和作用 / 003
    1.1.1　税收的定义 / 003
    1.1.2　税收的特点 / 004
    1.1.3　税收的作用 / 005

1.2　税收制度要素及税种分类 / 009
    1.2.1　税收制度要素 / 009
    1.2.2　我国税种分类 / 015

1.3　认识企业纳税工作 / 017
    1.3.1　纳税工作任务 / 017
    1.3.2　核算会计科目 / 018
    1.3.3　纳税具体工作内容 / 019

1.4　2020年税务新政策 / 022
    1.4.1　发票相关新政策 / 022
    1.4.2　出口退税新政策 / 023
    1.4.3　个人所得税新政策 / 024

第2章　能力修炼：练就五大专项能力

2.1　能力一：了解纳税申报流程 / 027
    2.1.1　纳税申报流程 / 027
    2.1.2　网上纳税申报流程 / 029
    2.1.3　变更、注销登记流程 / 030
    2.1.4　纳税申报期限 / 032

2.2　能力二：树立税务风险意识 / 035
    2.2.1　税务风险的分类 / 035
    2.2.2　日常税收风险 / 036
    2.2.3　税务风险的防范措施 / 039
    2.2.4　防范税务风险的原则 / 040

2.3　能力三：掌握税务稽查动态 / 043
    2.3.1　税务稽查的范围及内容 / 043
    2.3.2　预警指标与重点稽查方向 / 046
    2.3.3　税务稽查应对技巧 / 048

2.4　能力四：分析财报与管控成本 / 052
    2.4.1　分析财报 / 052
    2.4.2　管控成本 / 053

2.5　能力五：合规化管理税务工作 / 056
    2.5.1　企业发票管理 / 056
    2.5.2　企业合同管理 / 057

第二部分 税务处理方法

第3章 增值税：撬动企业利润的杠杆

- 3.1 增值税综述 / 065
  - 3.1.1 什么是增值税 / 065
  - 3.1.2 什么是"营改增" / 067

- 3.2 增值税的纳税人、征税范围、税率与征收率 / 069
  - 3.2.1 增值税的纳税人 / 069
  - 3.2.2 增值税的征税范围 / 071
  - 3.2.3 增值税的税率与征收率 / 076

- 3.3 增值税的计税方法 / 080
  - 3.3.1 一般计税方法 / 080
  - 3.3.2 简易计税方法 / 083
  - 3.3.3 扣缴计税方法 / 085

- 3.4 增值税的纳税期限、地点及申报 / 087
  - 3.4.1 增值税的纳税期限 / 087
  - 3.4.2 增值税的纳税地点 / 088
  - 3.4.3 增值税的纳税申报 / 088

第4章 消费税：调节结构，引导方向

- 4.1 消费税综述 / 096
  - 4.1.1 什么是消费税 / 096
  - 4.1.2 消费税的特点 / 096
  - 4.1.3 消费税的税目 / 097
  - 4.1.4 消费税的税率 / 099

- 4.2 消费税的纳税人和征税环节 / 103
  - 4.2.1 消费税的纳税人 / 103
  - 4.2.2 消费税的征税环节 / 104

- 4.3 消费税的计税依据和方法 / 106
  - 4.3.1 消费税的计税依据 / 106
  - 4.3.2 消费税的计税方法 / 106

- 4.4 消费税的纳税期限、地点及申报 / 111
  - 4.4.1 消费税的纳税期限 / 111
  - 4.4.2 消费税的纳税地点 / 111
  - 4.4.3 消费税的纳税申报 / 112

第5章 企业所得税：企业经济发展的根本

- 5.1 企业所得税综述 / 117
  - 5.1.1 什么是企业所得税 / 117
  - 5.1.2 企业所得税的税率 / 118

- 5.2 企业所得税的纳税人和征税对象 / 122
  - 5.2.1 企业所得税的纳税人 / 122
  - 5.2.2 企业所得税的征税对象 / 125

- 5.3 企业所得税的纳税期限、地点及申报 / 127
  - 5.3.1 企业所得税的纳税期限 / 127
  - 5.3.2 企业所得税的纳税地点 / 128
  - 5.3.3 企业所得税的纳税申报 / 129

第6章 个人所得税：明明白白缴个税

- 6.1 个人所得税综述 / 138

6.1.1 什么是个人所得税 / 138

6.1.2 个人所得税的税率 / 139

6.1.3 个人所得税的计算方法 / 144

6.2 个人所得税的纳税人、纳税范围及纳税比较 / 145

6.2.1 个人所得税的纳税人 / 145

6.2.2 纳税人的纳税范围 / 145

6.2.3 个人所得税的纳税比较 / 148

6.3 个人所得税的纳税期限、地点及申报 / 150

6.3.1 个人所得税的纳税期限 / 150

6.3.2 个人所得税的纳税地点 / 152

6.3.3 个人所得税的纳税申报 / 153

第 7 章 财产税：提高财产使用效果

7.1 房产税 / 165

7.1.1 房产税综述 / 165

7.1.2 房产税的税率及计算 / 167

7.2 车船税 / 170

7.2.1 车船税综述 / 170

7.2.2 车船税的计算规则 / 171

7.3 契税 / 176

7.3.1 契税综述 / 176

7.3.2 契税的计税依据、税率及计算 / 178

7.4 车辆购置税 / 181

7.4.1 车辆购置税综述 / 181

7.4.2 车辆购置税的计税依据、税率及计算 / 183

第 8 章 行为税：经济监督的主要手段

8.1 印花税 / 187

8.1.1 印花税综述 / 187

8.1.2 印花税的计税依据、税率及计算 / 189

8.2 城市维护建设税 / 193

8.2.1 城市维护建设税综述 / 193

8.2.2 城建税的计税依据、税率及计算 / 194

第 9 章 纳税筹划：进行整体纳税筹划

9.1 企业纳税筹划的管理 / 197

9.1.1 什么是纳税筹划 / 197

9.1.2 纳税筹划的特点 / 199

9.1.3 纳税筹划的基本原则 / 201

9.2 企业纳税筹划的方法 / 203

9.2.1 方法一：巧节税 / 203

9.2.2 方法二：巧控税 / 206

9.3 增值税的纳税筹划 / 209

9.3.1 选择纳税人身份 / 209

9.3.2 增值税纳税筹划案例 / 211

9.4 消费税的纳税筹划 / 213

9.4.1 纳税人及征税范围的纳税筹划 / 213

9.4.2 委托加工及自行加工方式的纳税筹划 / 214

9.4.3 税率选择及计税依据的纳税筹划 / 217

9.5 企业所得税的纳税筹划 / 222

9.5.1 纳税筹划的方法 / 222

9.5.2 存在的问题及措施 / 225

9.6 个人所得税的纳税筹划 / 229

9.6.1 个人所得税纳税筹划的意义 / 229

9.6.2 个人所得税纳税筹划的原则 / 230

9.6.3 主要涉及项目的纳税筹划 / 231

9.7 其他税种的纳税筹划 / 236

9.7.1 房产税的纳税筹划 / 236

9.7.2 车船税的纳税筹划 / 239

9.7.3 印花税的纳税筹划 / 241

9.7.4 城建税的纳税筹划 / 245

9.7.5 契税的纳税筹划 / 247

9.7.6 车辆购置税的纳税筹划 / 250

参考文献 / 253

第一部分
税务基础知识

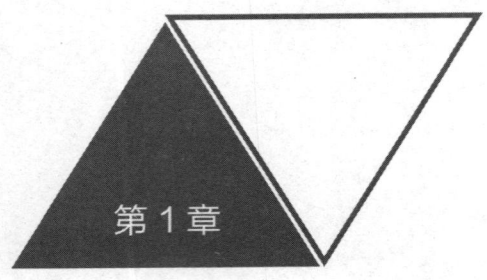

第 1 章

认识税收：准确把握政策变化

当人类社会初具雏形时，税收制度便应运而生。了解税收制度的基础知识，是企业财税人员迈入纳税统筹大门的第一步，能帮助企业建立更加完善、合理的纳税政策体系。

1.1 税收的定义、特点和作用

前几日会计老高在家陪孩子看电视，恰好看到了这样一幕：剧中的大臣向皇帝谏言，说目前朝廷对百姓征收的赋税过高，导致百姓苦不堪言。当时，孩子问了老高一个问题："赋税是什么？"借着这个问题，老高向孩子科普了有关税收的知识。

在我国古代，赋税就是君王向平民征收的税。赋税有很多形式，如"丁税""商税""地税"等，这些赋税形式经过上千年的发展，有的被取消，有的延续至今并演变成现代税收。

1.1.1 税收的定义

无论在任何时代、任何国家、处于任何制度之下，企业和个人都不可避免地需要纳税。在现代社会中，税收更是和人们的生活紧密联系着。

税收是国家（政府）公共财政主要的收入形式和来源，是国家为了向社会提供公共产品、满足社会共同需要、按照法律的规定，参与社会产品的分配、强制、无偿取得财政收入的一种规范形式。

税收的本质是国家为满足社会公共需要，凭借公共权力，按照法律所规定的标准和程序，参与国民收入分配，强制取得财政收入所形成的一种特殊分配关系。

著名的思想家恩格斯曾说："为了维持这种公共权力，就需要公民缴纳费用——捐税。"由此可见，税收存在的意义是维持公共权力的正常运行，维护社会的秩序。

19世纪美国法官霍尔姆斯说："税收是我们为文明社会付出的代价。"这说明税收是人类文明不断演化的结果，对国家经济生活和社会文明发展具有深刻意义。

1.1.2 税收的特点

通过税收的定义，我们可以看出税收是一定社会制度下国家与纳税人之间的一种特定分配关系，是与生俱来的，不受社会制度和权力变更的影响。因此，税收具有强制性、无偿性和固定性这三个基本特点。

1. 税收的强制性

税收的强制性是指税收是国家以管理者的身份，依据政治权力，通过颁布法律或政令强制征收的。

税收的强制性主要体现在以下两个方面：

一是税收分配关系的建立具有强制性。税收是国家凭借政治权力、依据法律规定征收的，与财产权利（生产资料的归属权）没有关系。

二是税收的征收过程具有强制性。在征税过程中，任何企业或个人如果违反税法，不能按时、按量缴纳税款，都将受到法律的制裁或惩处。

税收的强制性来自政府公共权力的强制性，是税收作为一种财政范畴[1]的前提条件，也是政府满足公共需求的必要保证。与此同时，为了防止税收的强制性被滥用，国家制定了相对科学、规范、公正的法律制度，把征税权力和纳税行为纳入法律的范畴内。

2. 税收的无偿性

税收的无偿性是指国家征税以后对具体纳税人既不需要直接偿还，也不需要付出任何直接形式的报酬，纳税人从政府支出所获利益通常与其支付的税款不完全成一一对应的比例关系。无偿性是税收的本质体现，反映了社会产品所有权、支配权的单方面转移关系，而不是等价交换关系。

无偿性是税收的关键特征，决定了税收是国家筹集财政收入的主要手段，使税收明显地区别于国债等财政收入形式，并成为调节经济和矫正社会分配不公的有力工具。

---

[1] 财政范畴是经济范畴中分配范畴系列的一个特定部分，如税收、公债、各种基金（如积累基金、消费基金、补偿基金）、财政补贴。它们从不同侧面反映了客观存在的财政分配关系。

纳税小课堂

税收的无偿性是相对的。

从纳税人的角度来看，纳税后不会获得报酬、政府也不会返还税款，所以税收具有无偿性。

但政府征税所取得的一切税款都会通过财政支出的形式直接或间接地返还给社会，即"取之于民，用之于民"，这反映出税收有偿性的一面。不过这种返还不是对每个纳税人所缴税款的对等补偿，而是从社会公共需要出发集中统一支配使用。

3. 税收的固定性

税收的固定性是指税收是按照国家法令规定的标准征收的，即纳税人、课税对象、税目、税率、计价办法和期限等，都是税收法令预先规定了的，有一个比较稳定的试用期间，是一种固定的连续收入。

国家税务机关征税时只能按照预定标准征收，不能无限度地征收。当纳税人拥有了应纳税的收入或发生了应纳税的行为时，也必须按照纳税标准如数缴纳，不能篡改标准。

不过，税收的固定性并不是绝对的。比如，国家会根据社会经济条件的变化而修订税法，调高或调低税率等。但这种修订和调整必须用法律的形式事先规定，而且修订、调整后要保持一定时期的相对稳定。纳税的固定性既有利于保证国家财政收入的稳定，又可以维护纳税人的合法权益。

税收的三个基本特点是统一的整体，三者缺一不可。其中，税收强制性是实现税收无偿性的有力保障，税收无偿性体现了税收的本质，税收固定性是税收强制性和税收无偿性的必然要求。

1.1.3 税收的作用

在社会主义国家，税收"取之于民，用之于民"。它是国家财政收入的主要来源，通常被用于建立社会医疗卫生体系、健全社会保障体系、发展国家新兴产业等。可以说，税收为人们创造了更好的社会环境。

但税收的作用不止于此。不同的生产力发展水平、不同的经济运行模式，以及人们对税收不同的主观认识，都会对税收作用的发挥产生影响，造成其具体作用在深度和广度上的差异。在市场经济条件下，税收主要有以下六个作用。

1. 组织财政收入

税收是国家组织财政收入的主要形式和工具，在保证和实现财政收入方面起着重要的作用。国家不仅可以对流转额[1]征税，还可以对各种收益、资源、财产等征税。征税主体也多种多样，国家税务机关对国企、外企和个体工商户都可以征税。税收具有广泛的来源，这是其他任何一种财政收入形式都无法比拟的。

由于税收具有强制性、无偿性和固定性的特点，可以保证税收收入的及时、稳定和可靠，所以，税收是国家满足公共需要的主要财力保障。

2. 调节经济结构和收入分配

国家通过合理设置税种、确定税率等税收调节手段，既可以改善国民经济结构，也可以缩小收入分配差距、促进社会公平。税收对经济结构和收入分配的调节作用，如图1-1所示。

图1-1 税收对经济结构和收入分配的调节作用

3. 统筹资源配置

在社会主义市场经济条件下，市场调节在资源配置中起主导作用，但它并

---

[1] 流转额是指在商品交换过程中发生买卖商品行为而形成的货币金额，通常包括商品销售收入额、商品购销额、产品增值额和贸易成交额。简单来说，流转额就是商品买卖交易金额。

不是万能的。市场调节的局限性有可能导致市场失灵,如公共产品供给不足、贫富差距过大、出现市场垄断[1]等。因此,国家有必要通过税收保证公共产品的供给,纠正外部效应,配合价格调节具有垄断性质的企业和行业的生产,使资源配置更加合理。

4. 调节需求总量

税收还可以影响商品价格,起到调节商品供给需求、促进经济稳定的作用。例如,在通货膨胀时期,可以采取降低税率、提高起征点、优化税种结构、实现税收法制的效益化等方式来控制通货膨胀,维持社会经济的稳定运营。

5. 维护国家权益

在与其他国家进行经济往来时,税收是对外开放进程中保护国家权益的重要手段。税收在维护国家权益方面起到的六个作用,如图1-2所示。

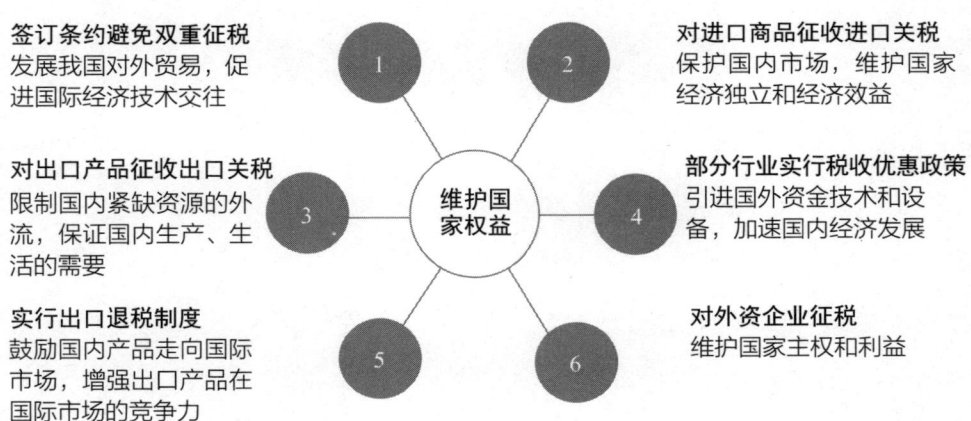

图 1-2　税收在维护国家权益方面起到的六个作用

6. 监督经济活动

虽然纳税具有强制性,但仍有部分企业和个人为了一己私利逃税、漏税,使国家财政收入遭受严重损失。因此,加强税收监督,督促纳税人依法履行纳税义务,可以进一步保障社会主义市场经济的健康发展。

另外,公安、司法机关及市场监督管理局等部门可以利用税收信息,发

---

[1] 市场垄断,或称卖方垄断、独卖、独占,一般指唯一的卖者在一个或多个市场,通过一个或多个阶段,面对竞争性的消费者。

现、制止和打击各类违法犯罪活动，维护社会主义市场经济的纪律，保证经济的良好运行。

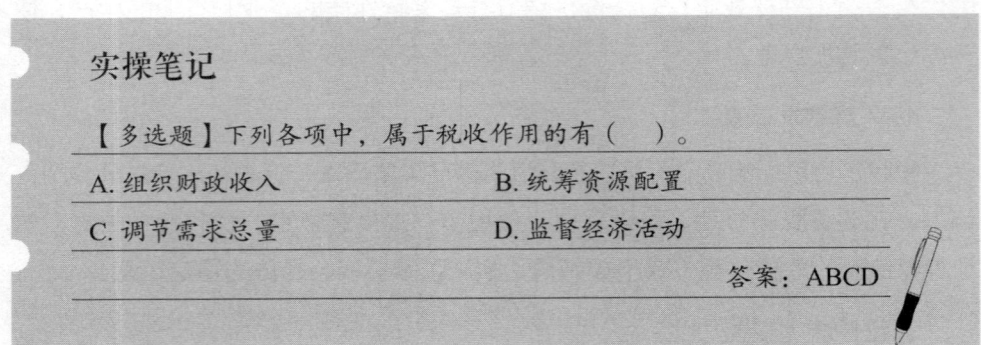

实操笔记

【多选题】下列各项中，属于税收作用的有（　　）。

A. 组织财政收入　　　　　B. 统筹资源配置

C. 调节需求总量　　　　　D. 监督经济活动

答案：ABCD

1.2 税收制度要素及税种分类

最近，某公司财务部来了一位刚从大学毕业的实习生小王。听说财务部最近正在整理税务报表，小王好奇地问道："我们公司要交哪些税？交多少税？什么时候交？"小王提出的一连串问题，反映出了很多财税新手的知识盲点。

如果企业财税人员能够了解基本税收制和税收关系[1]，这些问题就会迎刃而解。本节将详细介绍税收构成的基本要素，帮助大家夯实税收的基本知识。

1.2.1 税收制度要素

税收制度简称税制，是国家各种税收法令和征收管理办法的总称，是国家向纳税单位和个人征税的法律依据和工作规程。

税制一般由纳税义务人、征税对象、税目、税率、纳税环节、纳税期限、纳税地点、减免和加征、税务罚则等要素构成，这些要素被称为税制要素。其中，纳税义务人、征税对象和税率是三个最基本的税制要素。

1. 纳税义务人

纳税义务人简称纳税人，是指税法规定的直接负有纳税义务的单位和个人。纳税人是缴纳税款的主体，既可以是法人[2]也可以是自然人[3]。

在实际纳税过程中，还有一些与纳税义务人相关的概念，也是财税人员应该了解和掌握的。与纳税义务人相关的人物如表 1-1 所示。

---

[1] 税收关系是指因国家组织税收收入所发生的社会关系，是由税收经济关系、税收征纳程序关系和税收监督保障关系共同构成的复合体。
[2] 法人是指具有民事权利能力和民事行为能力，依法独立享有民事权利和承担民事义务的组织。
[3] 自然人是指生物学意义上的基于出生而取得民事主体资格的人。

表1-1 与纳税义务人相关的人物

相关人物	定义	详解
代扣代缴义务人	有义务从其持有的纳税人收入中扣除应纳税并代为缴纳税款的企业、单位或个人	代扣代缴义务人主要有两类:一类是向纳税人支付收入的单位或个人;另一类是为纳税人办理汇款的单位
负税人	实际负担税款的单位和个人	在税负[1]不能转嫁的条件下,负税人也就是纳税人;在税负能够转嫁的条件下,负税人并不是纳税人
代征人	受税务机关委托代征税款的单位和个人	代征人必须按照税法规定和委托证书的要求,履行代征税款义务;有关纳税人的减税、免税、退税和违章行为,必须送交税务机关处理
纳税单位	申报缴纳税款的单位	为了征管和缴纳税款的方便,可以允许在法律上负有纳税义务的同类型纳税人作为一个纳税单位,填写一份申请表进行纳税

2. 征税对象

征税对象又称课税对象,是指税法规定对什么征税,是确定税种性质和名称的重要依据。简而言之,就是我们通过征税对象来判断一种税与另一种税的区别。

例如,企业所得税的征税对象是企业取得的生产经营所得、其他所得和清算所得;个人所得税的征税对象是个人取得的应税所得。

3. 税目

税目是指在税法中对征税对象分类规定的具体征税的项目。由于征税对象范围较大,规定较为笼统,所以国家通过税目将各个征税对象分开说明,采用不同的征税方式。

在设置税目时,通常采用两种方法,即列举法和概括法。设置税目的方法如表1-2所示。

---

[1] 税负亦称税收负,是因国家征税而造成的一种经济负担。

表 1-2 设置税目的方法

方法	定义	优劣
列举法	将每一种商品或经营项目等采用一一列举的方法，分别规定税目	优点：界限明确，便于征纳双方掌握。 缺点：税目过多，不便查找，不利于征管
概括法	按照商品大类或行业大类，概括性地设计税目	优点：税目较少，查找方便。 缺点：税目过粗，不便于贯彻合理负担的原则

4. 税率

税率是税额与征税对象的比例，是计算税额的尺度。每种税的适用税率，在税法中都有明确规定。

税率的高低直接关系到国家、企业和个人三者的经济利益，是税收的关键所在。税率有比例税率、累进税率和定额税率三大类型。

（1）比例税率

比例税率是指当征税对象一致时，不管数额大小，都征收相同比例的税额。我国的增值税、城市维护建设税等都采用比例税率。

在实际运用中，比例税率分为三种具体形式，即单一比例税率、差别比例税率和幅度比例税率。比例税率的三种具体形式如表 1-3 所示。

表 1-3 比例税率的三种具体形式

具体形式	定义
单一比例税率	指对同一征税对象的所有纳税人都适用同一比例税率
差别比例税率	指对同一征税对象的不同纳税人适用不同的比例征税	产品差别比例税率，即对不同产品分别适用不同的比例税率，同一产品采用同一比例税率
		行业差别比例税率，即对不同行业分别适用不同的比例税率，同一行业采用同一比例税率
		地区差别比例税率，即对不同的地区分别适用不同的比例税率，同一地区采用同一比例税率
幅度比例税率	指对同一征税对象，规定最低税率和最高税率，各地可以因地制宜地在此幅度内自行确定一个比例税率

（2）累进税率

累进税率是指随着征税对象或税目数额的增大而逐级递增的税率。在使用累进税率时，要将征税对象按照一定的标准划分为若干等级，从低到高分别规定逐级递增率。

累进税率因计算方法和累进依据不同可分为全额累进税率、超额累进税率、超率累进税率、超倍累进税率四种形式，如表1-4所示。

表1-4 累进税率的四种形式

形式	定义	详解
全额累进税率	全额累进税率是指征税对象的全部数量都按其相应等级的累进税率计算征税率。每次征税时，按征税对象总额相对应的最高一级税率计算应纳税额。它是按照征税对象数额大小、分等级规定的一种差别比例税	例如，甲的月收入为5 000元，适用税率为3%；乙的月收入为5 001元，适用税率为5%。此时，甲只需要缴纳150元税款，而乙虽然只比甲的月收入多1元，却需要缴纳250.05元税款
超额累进税率	超额累进税率是把征税对象的数额划分为若干等级，对每个等级部分的数额分别规定相应税率，分别计算税额，各级税额之和为应纳税额。超额累进税率的"超"字，是指征税对象数额超过某一等级时，仅就超过部分，按高一级税率计算征税	我国现行的个人所得税中工资、薪金所得等，均采用超额累进税率。后文将详细介绍超额累进税率的具体计算方法
超率累进税率	超率累进税率与超额累进税率在道理上是相同的，不过率累进的依据不是征税对象数额的大小，而是销售利润率或资金率的高低	《中华人民共和国土地增值税暂行条例》中，按土地增值额和扣除项目金额的比例的不同，将超率累进税率划分为四个等级，并规定了四级超率累进税率
超倍累进税率	超倍累进税率是指以征税对象数额相当于计税基数的倍数为累进依据，计算应纳税额的税率	使用超倍累进税率必须首先确定一个计税基数。如果把这个基数的一定倍数换算成绝对额，则超倍累进税率就是超额累进税率。假定计税基数为100，超过计税基数1倍就是200，超过计税基数2倍就是300

（3）定额税率

定额税率也称固定税额，即税率固定，只受征税对象的数量影响，不更改税率。定额税率不受产品成本升降和价格高低的影响，税收收入可靠，纳税人负担稳定,有利于征收管理,在世界范围内运用得比较广泛。

5. 纳税环节

纳税环节分为广义和狭义两种。广义的纳税环节是指全部征税对象在再生产中的分布,如资源税分布在生产环节、所得税分布在分配环节等。它制约着税制结构,对取得财政收入和调节经济有着重大影响。

狭义的纳税环节是我们通常情况下理解的纳税环节,是指应税商品在流转过程中应纳税的环节,是商品流转征税中的特殊概念。

商品从生产到消费,中间需要经过多个环节,其中哪个环节需要纳税,是每个企业都应知悉的。

6. 纳税期限

纳税期限是指税法规定的关于税款缴纳时间方面的限定。税法中关于纳税期限的规定通常包括纳税义务发生时间、纳税期限和缴库期限三个方面。

纳税义务发生时间是指纳税人依照税法规定负有纳税义务的时间。纳税人的某些应税行为和取得应税收入在发生时间上不一致,为确定税务机关和纳税人之间的征纳关系和应尽职责,税法对纳税义务的发生时间做出了明确规定。

纳税期限是负有纳税义务的纳税人向国家缴纳税款的最后时间限制。它是税收强制性、固定性在时间上的体现。任何纳税人都必须如期纳税,否则就是违反税法规定,将受到法律制裁。

缴库期限是指纳税人或扣缴义务人把应纳税款缴入国库各基层库或国库经收处的时间限制,也指税务机关把自身直接征收的税款缴入国库的时间限制。

纳税小课堂

企业财税人员在确定纳税期限时,应注意以下两方面的问题:

(1)确定结算应纳税款的期限,即多长时间纳一次税。通常,企业的纳税时间为1天、3天、5天、10天、15天、30天。

(2)确定缴纳税款的期限,即纳税期满后税款多长时间必须入库。

7. 纳税地点

纳税地点是指纳税人申报纳税的地方。纳税地点一般为纳税人的住所地，也有规定在营业地、财产所在地或特定行为发生地的。中国税收制度对纳税地点规定的总原则是纳税人在其所在地就地申报纳税，但考虑到某些纳税人生产经营和财务核算的不同情况，对纳税地点也做出了不同规定。我国税收制度规定的纳税地点如表 1-5 所示。

表 1-5 我国税收制度规定的纳税地点

纳税地点	适用范围
企业所在地纳税	国内企业所得税除另有规定外，原则上向其所在地税务机关申报纳税
营业行为所在地纳税	主要适用于跨地区经营和临时经营的纳税人
口岸纳税	主要适用于关税，针对进出口商品开征

8. 减免和加征

减税又称税收减征，是指按照法律、法规减除纳税义务人的一部分应纳税款。减税通常是对某些纳税人、征税对象进行扶持、鼓励或照顾，以减轻其税收负担的一种特殊规定。

免税与减税的性质类似，也是税收的严肃性与灵活性结合制定的政策措施，是普遍采取的税收优惠方式，所以减税与免税常常被统称为减免税。

税务加征是在应纳税额的基础上，加征一定比例税额的措施。税务加征包括地方附加、加成征收和加倍征收三种形式，如表 1-6 所示。

表 1-6 税务加征的三种形式

加征形式	定义
地方附加	是地方政府在正税[1]之外，附加征收的一部分税款
加成征收	是在应纳税额的基础上加征一定成数的税额
加倍征收	是在应纳税额的基础上加征一定倍数的税额

加征的税款多用于发展地方事业或者调节贫富差距，能够在不增加税率档

---

[1] 正税：通常把按照国家税法规定的税率征收的税款称为正税。

次的情况下，使税率得到合理延伸。

9. 税务罚则

税务罚则是指对纳税人不依法纳税、不遵守税收征管制度等违章行为而实施处罚的规定。税务罚则是严肃税收制度的重要组成部分。严格执行税务罚则对于严肃税收法纪、保证税收政策、法令、制度的贯彻执行具有重大意义。

《中华人民共和国税收征收管理法》（以下简称《税收征管法》）规定的税务罚则的主要内容包括以下五点：

（1）罚款；

（2）补税并加收滞纳金；

（3）补税并罚款；

（4）强制执行措施；

（5）对纳税人严重违反税收法规并构成犯罪的，提请司法机关追究刑事责任。

税收制度要素主要由上述九部分组成。熟知这九大要素，能够帮助企业财税人员构建税务知识框架，为后续的学习奠定基础。

1.2.2 我国税种分类

税种分类是国家按照一定的标准对各税种进行的归类。各税种之间既相互联系，又各有特点，共同组成了税收体系。税种分类可以帮助国家建立完善、科学的税收制度，提高税收管理水平和促进税收的科学发展，是研究税收特殊性和普遍性的一种方法。

我国的税种众多，可以根据不同划分标准进行分类。比如，按征税对象的性质、税收管理权和收入支配权、税收与价格的组成关系、计税依据、税收负担是否转嫁等进行分类。我国税种的分类如表1-7所示。

表 1-7　我国税种的分类

划分标准	税种	具体税目
按征税对象的性质分类	流转税	增值税、消费税、关税等
	所得税	企业所得税、个人所得税等
	资源税	资源税、土地增值税、耕地占用税和城镇土地使用税等
	行为税	城市维护建设税、印花税等
	财产税	遗产税、房产税、契税、车辆购置税和车船税等
按税收管理权和收入支配权分类	中央税	关税、消费税
	地方税	屠宰税
	共享税	增值税、资源税
按税收与价格的组成关系分类	价内税	消费税、关税等
	价外税	增值税
按计税依据分类	从量税	资源税、车船税、土地使用税等
	从价税	增值税、关税和各种所得税等
按税收负担是否转嫁分类	直接税	所得税、财产税、土地使用税
	间接税	增值税、关税、消费税

我国税种门类众多，涉及各行各业，分类也较为复杂。想要对我国的税收种类建立一个清晰的认知，财税人员需要付出一定的努力。

实操笔记

【单选题】下列各项中，属于中央税的是（　　）。

A. 增值税　　B. 契税　　C. 土地增值税　　D. 消费税

答案：D

1.3 认识企业纳税工作

A公司人事经理蔡某近期在审视公司内部职工的工作状态，发现财税人员小汪异常忙碌，很好奇小汪每日在忙些什么。小汪告诉蔡某，企业财税人员的忙碌是常态，如果蔡某知晓财税人员的主要纳税工作，就不会感到好奇了。

企业财税人员的工作内容繁杂，涉及多方面的知识，了解财税人员的主要纳税工作，是成为财税人员的基本前提。

1.3.1 纳税工作任务

根据企业财税人员的客观职能、税收管理的目的，财税人员需要达成以下五个方面的工作任务：

（1）正确计算应交税款，维护纳税人的合法权益，并进行正确的会计处理；

（2）按照税法的规定合理、及时、足额地缴纳各种税款，并相应地进行会计处理；

（3）发挥会计监督和税务监督的作用，促进企业正确处理分配关系；

（4）正确编制并及时报送财务报表和纳税申报表，认真执行税务机关的审查意见；

（5）进行企业税务活动的财务分析，改善经营管理，调节产品结构，提高经济效益。

企业财税人员是财务人员中专门处理企业收益与应税收益之间差异的人员，其目的在于协调财务与税收之间的关系，保证财务会计报告充分揭示真实的财税信息。

企业财税人员平时可按照财务会计准则、会计制度开展工作，当处理财税任务的方法与税法有冲突时，须按税法进行计算和调整。财税人员无须另外设计一套账簿、凭证、报表，只要在原有基础上进行纳税计算与调整即可。

1.3.2 核算会计科目

企业财税人员核算的主要会计科目以会计核算中使用的会计科目进行分类。根据财务的支出情况，可以将主要会计科目分为负债类科目和损益类科目两大类。

1. 负债类科目

负债类科目核算企业按照税法规定计算应缴纳的各项税费，可按应缴纳的税费项目进行明细核算。企业按照税法规定计算的应交增值税、消费税、企业所得税、资源税、土地增值税、城市维护建设税、房产税、土地使用税、车船税、教育费附加等，记在本科目的贷方；企业实际缴纳的各项税费，记在本科目的借方。本科目期末若为贷方余额，反映的是企业应交而尚未缴纳的税费；期末若为借方余额，反映的是企业多交或尚未抵扣的税费。

此外，应交增值税还应分别设置"进项税额""销项税额""出口退税""进项税额转出""已交税金"等专栏。

2. 损益类科目

损益类科目是会计科目的一种，这类科目是为核算"本年利润"服务的，具体包括收入类科目、费用类科目等。企业按规定计算确定的与经营活动相关的税费，借记本科目，贷记"应交税费"科目。期末，应将本科目余额转入"本年利润"科目，结转后本科目无余额。在税收实务上可分为以下四个方面进行核算：

（1）税金及附加

本科目用来核算企业在经营活动中发生的消费税、城市维护建设税、资源税和教育费附加等相关税费。房地产企业销售开发产品应缴纳的土地增值税也在此科目中核算。

（2）所得税费用

本科目用来核算企业根据所得税会计准则确认的应从当期利润总额中扣除的所得税费用。

（3）管理费用

本科目用来核算企业在生产经营活动中产生的房产税、车船税、土地使用税、印花税等相关税费。

（4）以前年度损益调整

只有以前年度损益类科目发生错账时，才能使用本科目进行调整。企业在资产负债表日至财务报告批准报出日之间发生的需要调整报告年度损益的事项，也在本科目中核算。

1.3.3 纳税具体工作内容

企业财税人员的具体工作内容包括以下五项。

1. 税务登记

税务登记是税务机关依据税法规定，对纳税人的生产、经营活动进行登记管理的一项法定制度，也是纳税人依法履行纳税义务的法定手续。

税务登记种类包括开业登记，变更登记，停业、复业登记，注销登记，外出经营报验登记，纳税人税种登记，扣缴税款登记等。

税务登记有利于税务机关了解纳税人的基本情况，掌握税源，加强征收与管理，防止漏管漏征，建立税务机关与纳税人之间正常的工作联系，强化税收政策和法规的宣传，增强纳税人的纳税意识等。

2. 领购和使用发票

发票是指一切单位和个人在购销商品、提供或接受服务及从事其他经营活动中，所开具和收取的业务凭证。它是会计核算的原始依据，也是审计机关、税务机关执法检查的重要依据。

依法办理税务登记的单位和个人，在领取税务登记证后，应携带有关证件向主管税务机关申请领购发票。纳税人可以根据自己的需求申请领购增值税普通或专用发票。

发票内容包括向购买者提供产品或服务的名称、日期、数量及协议价格。每张发票都有独一无二的流水账号码，防止发票重复或跳号。

纳税小课堂

发票分为增值税普通发票和专用发票两种。

增值税普通发票：增值税小规模纳税人和增值税一般纳税人均可使用。增值税普通发票是在购销商品、提供或接受劳务以及从事其他经营活动中，所开具和收取的收付款凭证。增值税普通发票不可用以抵扣税款。

增值税专用发票：仅限于增值税一般纳税人使用。增值税专用发票不仅是记载商品销售额和增值税税额的财务收支凭证，而且是兼记销货方纳税义务和购货方进项税额的合法证明，是购货方据以抵扣税款的法定凭证，对增值税的计算起着关键性作用。

3. 进行纳税申报

纳税申报是纳税人按照税法规定的期限和内容，向税务机关提交有关纳税事项书面报告的法律行为，是纳税人履行纳税义务、界定纳税人法律责任的主要依据。纳税申报的对象为纳税人和扣缴义务人。纳税人、扣缴义务人要依照法律、行政法规或税务机关的规定确定申报期限，如实进行纳税申报。

4. 计算各税种应纳税额，填写纳税申报表

财税人员在从事企业税收实务工作时，应当熟悉国家最新税法政策，确认企业必须缴纳的税种。财税人员在企业开展生产经营活动后，要根据日常涉税业务会计核算资料，按照纳税义务发生时间，整理涉税资料，根据税法政策正确计算每个税种的应纳税额，并填制纳税申报表。

5. 缴纳税款，并进行相应账务处理

企业应按照税法规定如实缴纳税款，这是企业财税人员工作的重点之一。

由于企业税收金额会随着企业业务进行调整，所以财税人员还应熟悉企业在开展生产经营活动过程中各项业务可能产生的税收费用，并不定期地进行企业纳税自检，分析企业经济活动，及时规避税务风险；在依法纳税的同时，合

理进行纳税筹划活动，以减少税收负担，帮助企业获取经济利益。

> **实操笔记**
>
> 【多选题】下列（　　）属于企业财税人员的工作内容。
>
> A. 进行纳税申报
>
> B. 缴纳税款，并进行相应账务处理
>
> C. 领购和使用发票
>
> D. 计算各税种应纳税额，填写纳税申报表
>
> 答案：ABCD

1.4　2020年税务新政策

某企业财税人员在处理发票问题时，发现根据国家新政策的规定，纳税人通过增值税电子发票公共服务平台开具的增值税电子普通发票，其法律效力、基本用途、基本使用规定等与增值税普通发票相同。

这虽然是一件小事，却折射出一个道理，即企业财税人员应当时刻关注国家的税收政策，当出现某些变动时，能够及时获取信息，并针对本企业情况做出改变。

2020年，我国税收政策有了一些新的变化。作为企业财税人员，了解这些税务新政策，有利于我们高效地开展工作。2020年的税务新政策可以被归纳为以下三个方面。

1.4.1　发票相关新政策

政策一：《国家税务总局关于取消增值税扣税凭证认证确认期限等增值税征管问题的公告》（国家税务总局公告2019年第45号）规定，增值税一般纳税人取得的2017年1月1日及以后开具的增值税专用发票、海关进口增值税专用缴款书、机动车销售统一发票、收费公路通行费增值税电子普通发票，不再需要在360日内认证确认等；已经超期的，也可以自2020年3月1日后，通过本省（自治区、直辖市和计划单列市）增值税发票综合服务平台进行用途确认。

政策二：《国家税务总局关于增值税发票综合服务平台等事项的公告》（国家税务总局公告2020年第1号）指出，国家税务总局将增值税发票选择确认平台升级为增值税发票综合服务平台，为纳税人提供发票用途确认、风险提示、信息下载等服务。

纳税人取得增值税专用发票、机动车销售统一发票、收费公路通行费增值税电子普通发票后，如需用于申报抵扣增值税进项税额或申请出口退税、代办退税，应当登录增值税发票综合服务平台确认发票用途。增值税发票综合服务平台登录地址由国家税务总局各省（自治区、直辖市和计划单列市）税务局确定并公布。

公告同时指出，纳税人通过增值税电子发票公共服务平台开具的增值税电子普通发票，属于税务机关监制的发票，采用电子签名代替发票专用章，其法律效力、基本用途、基本使用规定等与增值税普通发票相同。

纳税小课堂

纳税人同时丢失已开具增值税专用发票或机动车销售统一发票的发票联和抵扣联，可凭加盖销售方发票专用章的相应发票记账联复印件，作为增值税进项税额的抵扣凭证、退税凭证或记账凭证。

纳税人丢失已开具增值税专用发票或机动车销售统一发票的抵扣联，可凭相应发票的发票联复印件，作为增值税进项税额的抵扣凭证或退税凭证；纳税人丢失已开具增值税专用发票或机动车销售统一发票的发票联，可凭相应发票的抵扣联复印件，作为记账凭证。

1.4.2 出口退税新政策

政策一：《国家税务总局关于发布出口退税率文库2020A版的通知》（税总函〔2020〕17号）指出，根据国家税收政策和进出口税则的调整情况，国家税务总局编制了2020A版出口退税率文库，放置在国家税务总局可控FTP系统"程序发布"目录下。各地国家税务总局各省、自治区、直辖市和计划单列市税务局，国家税务总局驻各地特派员办事处应及时下载，并在出口退税审核系统进行文库升级。各地应及时将文库发放给出口企业，出口企业应学习了解文库的具体新政策内容。

政策二：《国家税务总局关于发布出口退税率文库2020B版的通知》（税总函〔2020〕44号）指出，根据国家税收政策和进出口税则的调整情况，国家税务总局编制了2020B版出口退税率文库，放置在国家税务总局可控FTP系统

"程序发布"目录下。各地国家税务总局各省、自治区、直辖市和计划单列市税务局，国家税务总局驻各地特派员办事处应及时下载，并在出口退税审核系统进行文库升级。各地应及时将文库发放给出口企业，出口企业应学习了解文库的具体新政策内容。

政策三：根据《财政部 税务总局 海关总署关于对国际航行船舶加注燃料油实行出口退税政策的公告》（财政部 税务总局 海关总署公告2020年第4号）规定，自2020年2月1日起，对国际航行船舶在我国沿海港口加注的燃料油[1]，实行出口退（免）税政策，增值税出口退税率为13%。

政策四：《财政部 税务总局关于提高部分产品出口退税率的公告》（财政部 税务总局公告2020年第15号）规定，自2020年3月20日起，将瓷制卫生器具等1 084项产品出口退税率提高至13%；将植物生长调节剂等380项产品出口退税率提高至9%。

1.4.3 个人所得税新政策

政策一：《财政部 税务总局关于远洋船员个人所得税政策的公告》（财政部 税务总局公告2019年第97号）规定，一个纳税年度[2]内在船航行时间[3]累计满183天的远洋船员[4]，其取得的工资、薪金收入减按50%计入应纳税所得额，依法缴纳个人所得税。

政策二：《财政部 税务总局关于公益慈善事业捐赠个人所得税政策的公告》（财政部 税务总局公告2019年第99号）规定，个人通过中华人民共和国境内公益性社会组织、县级以上人民政府及其部门等国家机关，向教育、扶贫、济困等公益慈善事业的捐赠（以下简称公益捐赠），发生的公益捐赠支出，可以按照个人所得税法有关规定在计算应纳税所得额时扣除。

政策三：在《财政部 税务总局关于境外所得有关个人所得税政策的公告》（财政部 税务总局公告2020年第3号）中，对境外个人所得税的适用范围、

---

[1] 本公告所述燃料油，是指产品编码为"27101922"的产品。
[2] 纳税年度是指对纳税人满12个月的生产经营所得计征所得税所确定使用的一种年度。
[3] 在船航行时间是指远洋船员在国际航行或作业船舶和远洋渔业船舶上的工作天数。一个纳税年度内的在船航行时间为一个纳税年度内在船航行时间的累计天数。
[4] 本公告所称的远洋船员，是指在海事管理部门依法登记注册的国际航行船舶船员和在渔业管理部门依法登记注册的远洋渔业船员。

税率和具体情况进行了详细说明。

企业财税人员要想时刻把握税务政策的变化情况，可以经常关注国家税务总局网站、本地税务局网站，以及新闻热点中涉及税务的相关信息。

实操笔记

【写一写】你所知道的税务新政策还有哪些？请在下面写出来。

答案：例如，2020年8月4日国务院印发《新时期促进集成电路产业和软件产业高质量发展若干政策》，对符合相关政策的企业免征一定时期内的企业所得税。

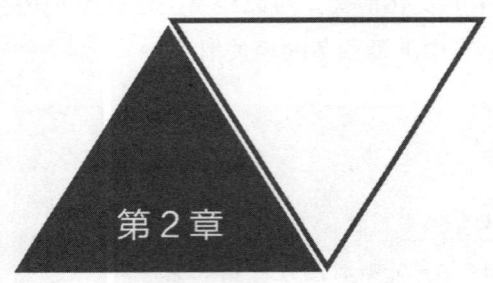

第 2 章

能力修炼：练就五大专项能力

　　一名合格的企业财税人员应了解纳税申报流程、树立税务风险意识、掌握税务稽查动态、分析财报与管控成本、合规化管理税务工作，以提升自身专业素养，形成核心竞争力。练就这五大专项能力，能够使企业财税人员在日常工作中更加游刃有余。

2.1 能力一：了解纳税申报流程

近日，"X旺"企业成立了。该企业财税人员小刘忙得焦头烂额，仅仅企业申报纳税这一项工作，就让他有些吃不消。由于"X旺"企业刚刚成立，而小刘也是首次帮助企业进行纳税申报，并不熟悉相应流程，因此耽误了不少时间。

企业纳税申报的流程的确有些复杂，但只要财税人员能够熟知这一流程，并细心地按照相关要求操作，就能顺利完成纳税申报工作。

2.1.1 纳税申报流程

纳税申报是纳税人依法向税务机关提交有关纳税事项书面报告的行为，是纳税人履行纳税义务、承担法律责任的主要依据。财税人员在进行纳税申报时，要遵循三大流程，即首先准备好申报资料，其次进行纳税申报，最后处理申报后的工作。

1. 准备好申报资料

财税人员备齐申报资料，是进行纳税申报的第一步。一般来说，纳税申报有两种情况：一是纳税人申报，二是扣缴义务人申报。扣缴义务人，即代扣代缴、代收代缴相关税费的单位或个人。纳税人和扣缴义务人申报所需的申报资料是不同的。

（1）纳税人申报所需资料

纳税人（企业或个人）在办理纳税申报时，需要准备好对应税种的纳税申报表及其附列资料，如增值税一般纳税人申报表及其附列资料、增值税小规模纳税人申报表及其附列资料、消费税申报表及其附列资料等，并填写清楚。

(2) 扣缴义务人[1]申报所需资料

扣缴义务人（企业或个人）在办理纳税申报时，需要准备好以下两项资料：

▲代扣代缴、代收代缴税款报告表；

▲其他资料，即代扣代缴、代收代缴税款的合法凭证，与代扣代缴、代收代缴税款有关的经济合同、协议书、公司章程等。

2. 进行纳税申报

纳税人可以采用上门申报、邮寄申报和数据电文申报三种方式进行纳税申报。一般来说，采取上门申报方式的是最多的，但最方便的是数据电文申报，纳税人只要在次月15日前，登录国税电子税务局网站进行纳税申报即可。

不同税种的申报期限是不同的，财税人员要注意以下几个不同税种的申报时间：

(1) 增值税、消费税的缴纳，以1个月为一个纳税期的，须在期满后15日内申报；以1天、3天、5天、10天、15天为一个纳税期的，自期满之日起5日内预缴税款，于次月1日起15日内申报并结清上月应纳税款。

(2) 企业所得税的缴纳，要在月份或者季度结束后的15日内，向其所在地主管国家税务机关办理预缴所得税纳税申报，内资企业在年度结束的后45日内、外商投资企业和外国企业在年度结束后4个月内，向其所在地主管国家税务机关办理所得税纳税申报。

(3) 未明确规定纳税申报期限的税款，须按照主管国家税务机关根据具体情况确定的期限申报。税法已经明确规定纳税申报期限的税种，须按照税法规定的期限申报。

3. 处理申报后的工作

纳税申报之后，纳税人只需在银行账户存够资金，系统就能实现代扣代缴。纳税人可在扣款后直接在菜单中打印扣税凭证（或者去办税大厅打印）。

---

[1] 扣缴义务人是指非居民企业在中国境内未设立机构、场所的，或者虽设立机构、场所但取得的所得与其所设机构、场所没有实际联系的，其来源于中国境内的所得缴纳企业所得税，实行源泉扣缴，以支付人为扣缴义务人。

2.1.2 网上纳税申报流程

随着互联网的快速发展，相信大家对"网上申报纳税"并不陌生，越来越多的企业财税人员开始在网上报税。与此同时，税务局为减少办税服务厅内申报人员的数量，减轻工作人员的业务压力，提升服务质量，也鼓励企业在网上报税。

相比上门申报，网上申报纳税更加方便快捷。办理人员不用现场排队等候，可以通过网络查询纳税记录。网上纳税申报成功后，税务局的系统能自动从相关联的银行账户中扣款纳税，纳税人根据银行出具的单据可以直接到税务机关打印相关税票，这减少了现场申报的许多麻烦，大大节省了纳税人办理业务的时间。

网上纳税申报的具体操作流程如图2-1所示。

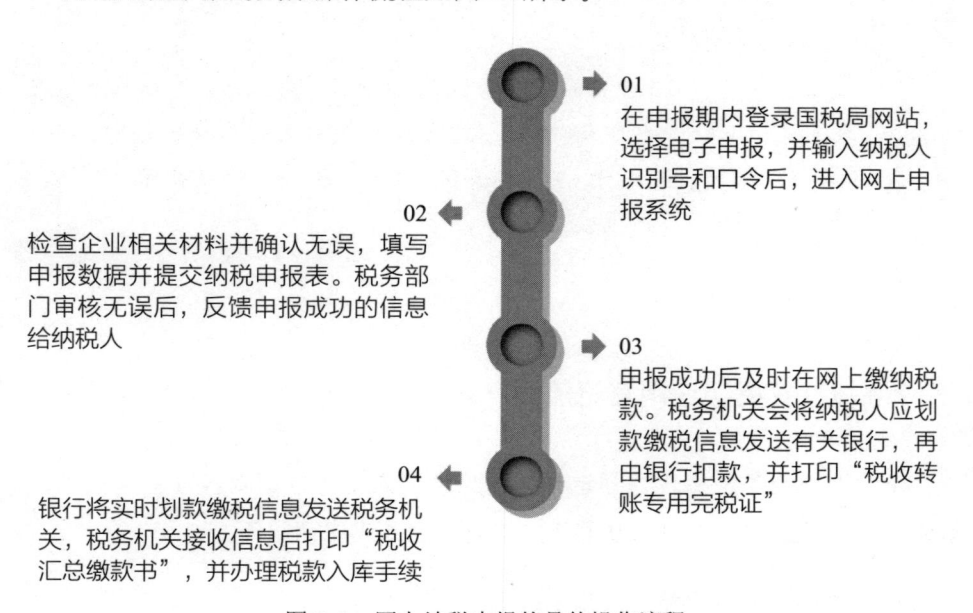

01 在申报期内登录国税局网站，选择电子申报，并输入纳税人识别号和口令后，进入网上申报系统

02 检查企业相关材料并确认无误，填写申报数据并提交纳税申报表。税务部门审核无误后，反馈申报成功的信息给纳税人

03 申报成功后及时在网上缴纳税款。税务机关会将纳税人应划款缴税信息发送有关银行，再由银行扣款，并打印"税收转账专用完税证"

04 银行将实时划款缴税信息发送税务机关，税务机关接收信息后打印"税收汇总缴款书"，并办理税款入库手续

图 2-1　网上纳税申报的具体操作流程

财税人员可以利用金税盘、涉税通等软件帮助企业报税。这些软件的操作简单，可以大大提升企业报税效率。

当纳税人出现以下情况时，就无法在网上申报纳税了：

▶网上申报纳税不适用于采用"定期定额"征税的小规模纳税人；

▸ 若纳税人存在上期月份没有申报，或当期逾期申报的情况，就不能进行网上申报了，要到主管国税分局办税服务厅处理；

▸ 网上申报成功没缴税或申报成功并已缴税后发现数据有误的，必须携带完整准确的纳税申报表到主管国税分局前台进行处理。

纳税小课堂

网上纳税申报的注意事项：

（1）因账户余额不足导致扣款不成功的，纳税人应及时补足银行存款；若因其他原因导致扣款不成功的，纳税人应记录出错原因，及时通知主管国税分局。

（2）逾期缴纳税款的，系统自动按《税收征管法》的规定，按日加收滞纳税款万分之五的滞纳金。

（3）进行网上申报的纳税人，应通过网上申报系统的申报表查询功能，用A4纸打印纳税申报表，连同财务报表一式一份按规定依次按月装订，于1月、7月报送到主管国税分局办税服务厅申报窗口。

2.1.3 变更、注销登记流程

企业纳税业务虽然较为固定，但是当纳税人税务登记内容发生变化时，就需要向原税务登记机关申报办理相关的变更业务或注销业务。

1. 纳税业务变更流程

纳税人税务登记内容发生变化的，要向原税务登记机关申报办理变更税务登记。纳税人需要提供变更登记的证件和完善的资料，并如实填写税务登记变更表。符合规定的，税务机关予以受理；不符合规定的，税务机关会通知补正。

其中，纳税人税务登记表和税务登记证中的内容都发生变更的，税务机关按变更后的内容重新发放税务登记证件；纳税人税务登记表的内容发生变更而税务登记证中的内容未发生变更的，税务机关不重新发放税务登记证件。

在办理纳税业务变更时，纳税人须向税务机关提供相关文件、证件。下列两种情况下，纳税人提供的证件、文件有所不同。

（1）纳税人按照规定不需要在市场监督管理局办理变更登记，或者其变更登记的内容与工商登记内容无关的，应当自税务登记内容实际发生变化之日起30日内，或者自有关机关批准或宣布变更之日起30日内，持下列证件到原税务登记机关申报办理变更税务登记：

▶纳税人变更登记内容的有关证明文件；
▶税务机关发放的原税务登记证件（登记证正、副本和税务登记表等）；
▶其他有关资料。

（2）若纳税人已在市场监督管理局办理变更登记的，应当自市场监督管理局办理变更登记之日起30日内，向原税务登记机关如实提供以下证件、资料，申报办理变更税务登记：

▶工商登记变更表及工商营业执照；
▶纳税人变更登记内容的有关证明文件；
▶税务机关发放的原税务登记证件（登记证正、副本和税务登记表等）；
▶其他有关资料。

2. 纳税业务注销登记流程

纳税人办理注销税务登记前，应当向税务机关提交相关证明文件和资料，结清应纳税款、多退（免）税款、滞纳金和罚款，缴销未用发票、税务登记证件和其他税务证件，经税务机关核准后，办理注销税务登记手续。不同情况下的纳税业务注销登记流程如图2-2所示。

财税人员办理纳税业务注销登记，要根据企业的实际情况具体分析，这样才能高效、快捷地完成纳税业务注销流程。

纳税人被吊销营业执照

- 纳税人被工商行政管理机关吊销营业执照或被其他机关予以撤销登记的，应自营业执照被吊销或被撤销登记之日起 15 日内，向原税务登记机关申报办理注销税务登记

纳税人因住所、经营地点变动，涉及改变税务登记机关

- 在住所、经营地点变动前或向相关机关申请办理变更、注销登记前，持有关资料证件，向原税务登记机关申报办理注销税务登记，并自注销税务登记之日起 30 日内，向迁达地税务机关申报办理税务登记

境外企业承包工程或提供劳务

- 境外企业应在项目完工、离开中国前 15 日内，持有关证件和资料，向原税务登记机关申报办理注销税务登记

纳税人发生解散、破产等情形，依法终止纳税义务

- 向工商行政管理机关或其他机关办理注销登记前，持有关证件到原税务机关申报办理注销税务登记；无须向工商行政管理机关注册登记的，应自有关机关批准或宣告终止之日起 15 日内，持有关证件和资料到原税务登记机关申报办理

图 2-2　不同情况下的纳税业务注销登记流程

2.1.4 纳税申报期限

纳税申报期限是指纳税人在完成特定经济事项后，须在一定的时期内履行纳税义务，即完成税费缴纳。纳税申报期限一般是由具体的税收法律、行政法规规定的，不同税种的具体申报期限也有所不同。

例如，因征收对象、计税环节的差异，各个税种的纳税期限是不同的；又如，同一税种，因纳税人的经营状况、财务会计核算及应纳税额的不同，申报期限也是不同的。

纳税申报期限可以分为按期申报和按次申报。按期申报是指以纳税人发生纳税义务的一定期间为纳税申报期限；不能按期纳税申报的，则实行按次申报纳税。

下面我们来看看部分常见税种的纳税申报期限，如表 2-1 所示。

表 2-1　常见税种的纳税申报期限

税种	纳税申报期限	备注
增值税、消费税	1日、3日、5日、10日或1个月，在有些税收优惠政策中会将申报期限延长为1个月	以1个月为一期纳税的，自期满之日起15日内申报纳税；以5日、10日或者15日为一期纳税的，自期满之日起5日内预缴税款，于次月1日起15日内申报纳税；以1个季度为一期纳税的，自期满之日起15日内申报纳税
企业所得税	月份或季度终了后15日内申报并预缴税款，年度终了后5个月内汇算清缴	按年计算，分月或分季预缴。新办企业第一次纳税申报的所属期为税务登记办理完毕的次月
外商或外企所得税	季度终了后15日内申报并预缴税款，年度终了后4个月内申报，5个月内汇算清缴	按年计算，分季预缴
个人所得税	次月10日内	
个体工商户的生产经营所得税	月份终了后15日内申报并预缴税款，年度终了后3个月内汇算清缴	按年计算，分月预缴
企事业单位的承包经营、承租经营所得税	年度终了后30日内申报纳税。在一年内分次取得承包经营、承租经营所得的，在取得每次所得后的15日内申报并预缴税款，年度终了后3个月内汇算清缴	按年计算
国外所得税	年度终了后30日内申报纳税	

各种纳税业务的申报期限不同，企业财税人员应牢记与本企业相关的各个税种的申报期限。

实操笔记

【写一写】假设现在你要为本企业进行纳税申报，请你写出正确的申报流程。

答案：

（1）准备好申报材料，分纳税人申报与扣缴义务人申报两种情况。

（2）进行纳税申报，分为上门申报、邮寄申报和数据电文申报三种方式。

（3）处理申报后的工作。纳税人在扣款后直接打印扣税凭证，代缴义务人在银行预存资金，由银行代扣代缴。

2.2 能力二：树立税务风险意识

A公司的财税人员小王近日非常苦恼，因为税务机关向A公司传达了相应指令，要求A公司配合税务机关的稽查工作。虽然小王平时工作谨慎、细致，但心里不免有些担忧，因为一旦被税务机关查出A公司存在税务问题，公司将受到严厉的处罚。

小王的担忧其实也是很多企业财税人员的担忧，这反映出他们对企业财税工作的重视，表明他们具有税务风险意识。树立税务风险意识，是企业财税人员应尽的义务和责任。

2.2.1 税务风险的分类

为了从源头上消除税务风险，企业财税人员应了解税务风险形成的主要原因。通常情况下，企业税务风险的形成原因有以下四种：

▶经济活动的复杂性与法规政策的规范性和普遍性之间存在矛盾，市场经济瞬息万变，再完善的税收法规和政策也可能存在缺陷或漏洞，进而形成法律层面的风险；

▶业务部门在实际操作中，可能出现不规范行为，使企业面临税务风险；

▶企业纳税人的主观意识具有局限性，很可能因对政策认识不足而造成无意识的税务纰漏；

▶企业纳税人刻意避税、逃税，并为了达到这一目的主动做出某些违法行为。

根据这四种税务风险的形成原因，我们可以把税务风险分成两类。由于前三点原因形成的税务风险是在处理纳税业务时无意识造成的，可以统称为执行风险；由于第四点原因形成的税务风险则是主观意识造成的，可以称为舞弊风险。

执行风险是指反映企业经营业务状况的凭证真实、有效、完整，但由于对税收法律法规的理解存在偏差，导致执行错误而引发的税务风险。执行风险多为纳税人非主观故意造成的。

舞弊风险是指企业伪造、变造虚假凭证，导致账实不符，偷逃税款的税收风险。舞弊风险为纳税人主观故意造成的，情节严重，性质恶劣，通常情况下偷逃税款数额巨大。

大多数纳税人有良好的纳税意识，不会刻意偷税、漏税、逃税，因此舞弊风险不易产生，即使有些纳税人存在这样的思想倾向，通过对其普及相关法律知识，也可以很好地化解。

但执行风险不同，因为它不随纳税人主观意志的转变而增高或降低，受客观环境影响较大，所以化解起来会更加困难。

2.2.2 日常税收风险

企业税收风险包括三大类：多缴税款风险、少缴税款风险、发票管理风险。

多缴税款会使企业因缴纳不必要的税款而造成经济损失；少缴税款会被税务机关查处，导致企业除了要补缴税款，还要另交罚款和滞纳金；而企业最大的税收风险在于发票管理风险，如果企业发票管理不善，可能会发生虚开发票或取得虚开发票的情况，严重者甚至会触犯法律。

因此，在企业的日常业务环节中，经营者和财税人员需要谨慎把关，注意避免以下相关税收风险。

1. 内部借款

内部借款是指企业股东或在编在册的员工，因特殊情况需要资金而向企业借款。其中，股东向企业借款可能涉嫌抽逃注册资金，或者涉嫌"视同分红"。比如，股东借款超过一个纳税年度仍未归还款项，从而导致需要缴纳个人所得税，这对企业而言是比较严重的税务风险。

2. 账外资金回流

账外资金回流是指企业经营者个人将钱借给企业。比如，企业经营者做了一笔100万元的生意，对方没有索要发票，于是经营者将这笔收益收入个人囊中。后来，企业需要进货费用，向经营者个人借钱。当发生这种情况时，税务机关可能会认为企业做了两套账，有账外资金回流和偷税的嫌疑。

3. 商业回扣

商业回扣是指在交易活动中，一方交易人为争取交易机会和便利的交易条件，在按合同价成交后，除交付货物或货款外，还在暗中从账外向交易相对人，即有影响、有决定权的经办人员秘密交付钱财及其他利益的行为。

简单来说，商业回扣是商业贿赂中的一种表现形式，在企业经营过程中或人们的日常生活中十分常见。比如，景区导游带领游客到某店购买纪念品，店方会将部分利润分给导游。这类行为一经查处，便会以受贿论处，企业在经营过程中不要因小失大，承担此类税务风险。

4. 无票支出

通俗来讲，无票支出就是花了钱却没有拿到发票。这种情况会使企业实际的资金与账目上的资金不匹配，导致资金混乱，影响企业的正常运营。

并且，当企业发生支出却没有取得发票时，如果直接将这一支出计为成本，那么按照规定，将不予税前扣除；若在汇算清缴时没有及时进行纳税调整，企业就会面临税务风险。

另外，如果企业将没有取得发票的支出作为其他应收款处理，则相当于一项长期借款，同样存在税务风险。

5. 增值税发票虚开

《中华人民共和国刑法》第二百零五条对增值税发票虚开有明确规定：

第一款　虚开增值税专用发票或者虚开用于骗取出口退税、抵扣税款的其他发票的，处三年以下有期徒刑或者拘役，并处二万元以上二十万元以下罚金；虚开的税款数额较大或者有其他严重情节的，处三年以上十年以下有期徒刑，并处五万元以上五十万元以下罚金；虚开的税款数额巨大或者有其他特别严重情节的，处十年以上有期徒刑或者无期徒刑，并处五万元以上五十万元以下罚金或者没收财产。

第二款　单位犯本条规定之罪的，对单位判处罚金，并对其直接负责的主管人员和其他直接责任人员，处三年以下有期徒刑或者拘役；虚开的税款数额较大或者有其他严重情节的，处三年以上十年以下有期徒刑；虚开的税款数额巨大或者有其他特别严重情节的，处十年以上有期徒刑或者无期徒刑。

第三款　虚开增值税专用发票或者虚开用于骗取出口退税、抵扣税款的其他发票，是指有为他人虚开、为自己虚开、让他人为自己虚开、介绍他人虚开行为之一的。

简单来说，增值税发票虚开这种行为的风险巨大，是企业或个人绝对不可触犯的法律"红线"。但是，由于增值税发票虚开隐藏了层层暴利，因此仍有许多不法分子从中牟利。

6. 不合规发票

根据《中华人民共和国发票管理办法实施细则》的规定，发票的基本内容包括发票的名称、发票代码和号码、联次及用途、客户名称、开户银行及账号、商品名称或经营项目、计量单位、数量、单价、大小写金额、开票人、开票日期、开票单位（个人）名称（章）等。

不合规发票是指没有按照规范填写发票项目的发票。不合规发票不得用于抵扣进项税、作为所得税税前扣除的依据，也不得作为土地增值税扣除凭证。

7. 存货账实不符

存货账实不符是许多中小企业存在的问题，有可能是实际存货比账面多，也有可能是实际存货比账面少。这种情况会导致许多后果：企业无法准确核算盈利和亏损；企业无法准确把握自身真实的生产能力，造成不必要的经济损失；企业的账目对工商、财税等职能部门而言为假账，导致企业的形象受损，失去了无形的信誉资产等。

8. 财政性资金收入不缴税

财政性资金收入是指企业获得来自政府及相关部门的财政补贴、补助、贷款及其他各类财政专项资金等。不少企业经营者会理所当然地认为，这类政府补贴无须缴税，其实除个别款项外，大部分财政性资金也是需要缴纳税款的。如果企业不对这部分资金收入缴税，便会面临需要补税、缴纳罚金和滞纳金的风险。

9. 大额无须支付的应付账款

当企业购买发票却不用支付货款时，便会将货款计入"应付账款"。于是，企业购入的发票越来越多，金额也随之增大，最终导致账目上始终存在问题。

> **纳税小课堂**
>
> 企业税务有风险，以下措施要记牢：
>
> 纳税人和企业财税人员在面对财务、税务工作时要做到遵纪守法、认真对待、严谨分析、仔细审查、切勿慌张。
>
> 对于虚开发票、偷税、漏税、逃税等违法行为，应坚决说"不"。
>
> 对于中、低级税务风险，企业经营者和财税人员需要在日常管理和处理过程中尽量避免，做到加强学习、严肃对待、全面管控、防微杜渐。

2.2.3 税务风险的防范措施

企业税务存在一定风险，财税人员应当采取相应的防范措施，以应对可能出现的税务风险。

1. 协助完善企业税务制度并严格遵守

企业制度是企业活力的重要来源，如果企业制度能充分调动企业内各生产要素的积极性，那么这个企业就是有活力的。同样，良好的税务制度，可以帮助企业减少不必要的支出，合理调动资金，促进产业升级，改善企业结构，让企业更好地适应市场发展。

因此，完善企业内部的税务制度是有效规避税务风险的措施之一。

虽然随着我国财务会计制度和企业会计准则的基本完善，税收制度也逐渐健全，但是企业财税人员对税收政策的认知与实际的税收法规之间仍存在差异，而且这一差异是长期存在的。要想规避税务风险，就要认清差异存在的客观性，尽量做到正确纳税。

财税人员应协助企业完善内部控制制度，提升自身管理水平和风险意识。财税人员要帮助企业在传统财务内控手段的基础上，充分利用现代化知识和技术，建立一套操作性强、便于控制的内部财务报告组织信息系统，并通过这一系统全面、有效地将企业财务信息囊括其中，既能够掌握企业财务的实时信息，了解资金及收益状况，又能够在出现税务问题时，及时、有效地找到问题所在。

在正确评价税务风险的基础上，财税人员应加强对税务风险的实时监控，尤其是在纳税义务发生前，财税人员要对经营活动和资金流动全过程进行系统的审阅和合理的规划，尽可能降低企业的税务风险。在实施监控行为的具体过程中，财税人员要合理、合法地审阅纳税事项，合理规划纳税事项的实施策略，根据实际情况不断分析和调整纳税模式，制订可行的纳税计划。

2. 提高自身业务素养

财税人员应利用多种渠道加强对税收法律、法规及各项税收业务政策的学习，了解、更新和掌握税务新知识，提高运用税法武器维护企业合法权益、规避企业税务风险的能力，为降低和防范企业税务风险奠定良好的基础。

3. 密切关注税收法规政策的变化

密切关注税收法规政策的变化，树立法治观念，避免纳税筹划手段选择上的风险。严格遵守相关税收法规是进行纳税筹划工作的前提，一项违法的纳税筹划方案无论其成果如何显著，注定是失败的。面对税务风险，财税人员一定要熟悉税收法规的相关规定，掌握与自身生产经营密切相关的内容，选择既符合企业利益又遵循税法规定的筹划方案。

2.2.4 防范税务风险的原则

企业税务风险虽然与企业税务活动相伴而生，但通过前文提到的风险防范措施，我们可以大大降低企业税务风险。为保障风险防范措施的实施效果，财税人员在实施风险防范措施的过程中，应当遵循以下四项原则。

1. 坚持树立风险防范意识原则

财税人员在建立、健全税务风险防范制度时，一定要树立风险防范意识，这种意识的树立需要从两个方面出发。

一方面，财税人员要提升会计核算的准确性、真实性、完整、真实、及时地对企业经济活动进行反映，并准确计算税金，按时申报，足额缴纳税款，让企业健康参与市场竞争。

另一方面，财税人员在对外签订各种经济合同时，要严格审查对方当事人的纳税主体资格和纳税资信情况，防止对方当事人转嫁税务风险；对合同条款要认真推敲，防止产生涉税歧义和误解，尽量分散税务风险。

2. 坚持成本效益原则

在规避税务风险的过程中，财税人员不仅要采取风险防范措施，还要兼顾企业成本。规避税务风险的目的是降低企业的税收成本，不因一些纳税错误使企业陷入危机。

无论是企业在内部设立专门的部门进行税务风险防范，还是聘请外部专门从事税务风险防范工作的人员，都要耗费一定的人力、物力和财力，而这些耗费在很大程度上是出于税收方面的考虑，而非正常的生产经营需要。所以，防范税务风险与其他管理决策一样，必须遵循成本效益原则。只有当税务风险防范措施的收益大于支出时，该项举措才是正确的、成功的。

3. 坚持合作原则

税收问题具有的专业性、复杂性、实效性，使企业仅凭财税人员个人力量很难应付，因为财税人员往往不能全面地掌握企业发生的所有业务涉及的税收政策。特别是企业在发生特种业务时，可能税收政策规定并不明确，企业又不愿或不便与税务机关沟通，因此，寻找一个专注于税收政策研究与咨询的中介组织显得十分必要。

这个中介组织还可以作为企业税务风险的外部监控人，代为承担企业内部审计部门的一部分职责，更好、更专业地监督、发现企业的税务风险，并提供解决方案。

4. 坚持税企协调原则

由于某些税收政策具有相当大的弹性空间，税务机关在税收执法上拥有较大的自由裁量权，现实中企业进行纳税筹划的合法性还需税务行政执法部门的确认。在这种情况下，企业需要加强与税务机关的联系和沟通，争取在税法的理解上与税务机关达成一致，在处理某些模糊和新生事物的税收问题时，应取得税务机关的认可。

实操笔记

【想一想】假设你是企业的一名财税人员,哪些措施可以有效防范企业的税务风险。

答案:例如,评估纳税筹划风险,定期进行纳税健康检查;加强与中介组织的合作等。

2.3 能力三：掌握税务稽查动态

A公司是一家经营商铺转租的中介公司，在其业务开展的过程中，税务机关发现该公司许多租约实际执行合同与房屋租赁管理所备案合同不一致，即签订阴阳合同[1]。

这些合同有的少报租金单价，有的少报租赁面积；而且，该公司收入凭证残缺不全，未按照规定正确核算收入，两年共计少申报营业收入246万元，有345万元的租金收入未按规定开具发票。查明违法事实后，稽查局依法追缴该公司营业税及其附征12.8万元，加收滞纳金7.9万元，并处以罚款7.2万元，合计27.9万元。

企业在生产经营过程中不可避免地要面临税务机关的稽查，掌握税务稽查的相关知识，是企业财税人员的必修课。

2.3.1 税务稽查的范围及内容

税务稽查是税务机关代表国家依法对纳税人的纳税情况进行检查监督的一种形式，是税收征收管理工作的重要步骤和环节，具体包括日常稽查、专项稽查和专案稽查三种形式。

稽查的范围包括：税收法律、法规、制度等的贯彻执行情况；纳税人生产经营活动及税务活动的合法性；偷、逃、抗、骗、漏税及滞纳等违反税法的情况。

税务稽查的基本任务是根据国家税收法律、法规，查处税收违法行为，保障税收收入，维护税收秩序，促进依法纳税，保证税法的实施。因此，税务稽查的依据是具有法律效力的各种税收法律、法规及政策规定。

---

[1] 阴阳合同是指合同当事人就同一事项订立两份以上、内容不相同的合同，一份对内，一份对外，其中对外的一份并不是双方真实意思表示，而是以逃避国家税收等为目的；对内的一份则是双方真实意思表示，可以是书面或口头的形式。订立阴阳合同是一种违规行为，在给当事人带来"利益"的同时，也预示着风险。

总体来说，税务稽查包括选案、实施稽查、审理、执行四个环节。

1. 选案

确定税务稽查对象是税务稽查的首要环节。稽查选案一般有人工选案、计算机选案、举报及其他选案方法。稽查选案的方法如表 2-2 所示。

表 2-2 稽查选案的方法

方法	具体内容
人工选案	基本方法是抽样，分为随机抽样和非随机抽样。一般采用随机抽样法，即按照概率规律抽取稽查对象
计算机选案	有以下指标可供选择：分行业生产经营指标平均增长值分析、分行业财务比率分析、企业常用财务指标分析、流转税类选案分析、企业所得税税前限制列支项目指标分析、进出口税收指标分析、税收管理指标分析等
举报	税务机关发现案源最多的一种途径
其他选案方法	有关部门转办、上级交办

2. 实施稽查

税务稽查实施阶段是税务稽查工作的核心和关键环节，税务机关必须按照法律规定权限实施。在实施稽查前，除特殊情况外，税务机关应提前以书面形式通知被查对象，并向其下达《税务稽查通知书》[1]，收件人填写后送达回证。

在稽查税务时，稽查人员应在《税务稽查底稿》[2]上如实记录在稽查过程中发现的问题，以及所涉及的账户、记账凭证和金额等细节，全面地反映稽查工作情况；同时可以根据需要和法定程序，采取询问、实地稽查、调取账簿资料、账外调查和异地协作等方式进行稽查。

税务稽查结束后，稽查人员应认真整理检查资料，收集相关证据，计算补退税款，分析检查结果，提出处理意见，并根据不同情况决定实行一般工作程序或简易工作程序，分别制作《税务稽查报告》[3]、《税务处理决定书》[4]或

---

[1]《税务稽查通知书》：税务机关进行税务检查之前，将检查事项通知被检查人的书面文件。它一般包括被检查人姓名或者名称、检查事项、检查时间等。

[2]《税务稽查底稿》：税务稽查人员实施税务检查过程中，对检查所涉及的账户、记账凭证及相关的税收问题所做的记载。

[3]《税务稽查报告》：记录税务稽查案件内容的文字材料。

[4]《税务处理决定书》：税务机关针对纳税人违反税收法规、规章的行为做出税务处理的税务行政文书。

《税务稽查结论》[1]。

3. 审理

稽查审理是税务稽查必不可少的环节，对于保证稽查机构依法行使职权，保证税收违法案件的查处质量，确保对各类税收违法案件处理的公正、公平，保护纳税人的合法权益等具有十分重要的作用。

税务稽查审理是税务稽查机构在其立案查处的各类税务违法案件结束后，由专门组织或人员核准案件实施、审查鉴别证据、分析认定案件性质，制作《税务稽查报告》、《税务处理决定书》或《税务稽查结论》的活动过程。

> **纳税小课堂**
>
> 税务稽查审理的主要内容：
> （1）违法事实是否清楚、证据是否确凿、数据是否准确、资料是否齐全；
> （2）适用税收法律、法规、规章是否合法；
> （3）是否符合法定程序；
> （4）拟定的处理意见是否得当。

4. 执行

税务稽查执行是指税务稽查机关将须由纳税人履行的各类税务稽查处理、处罚文书送达纳税人，督促依法履行税务处理、处罚决定和必要时采取税收保全[2]、税收强制执行的活动过程。税务稽查执行是税务稽查工作的重要组成部分，是实现税务稽查查处成果的最后环节，执行工作的效能直接关系到查补税款、滞纳金、罚款能否及时足额入库和稽查整体工作成效。

随着税收法治建设的不断加强，纳税人的纳税意识和税收法治观念的不断提

---

[1]《税务稽查结论》：税务检查人员依据现行税收法规及有关规章，对纳税人一定时期内的纳税事项进行税务稽查后，根据检查出的问题、情况及处理意见撰写的书面报告。
[2] 税收保全：税务机关在规定的纳税期限之前，对由于纳税人的行为或者某种客观原因，致使以后的税款征收不能保证或难以保证而采取的限制纳税人处理或转移商品、货物及其他财产的措施。

高，税务稽查文书送达后，被查对象一般能够自动履行税务机关做出的法律文书所规定的业务，即自动办理补报缴纳；逾期不履行的，税务机关将采取强制执行措施。

税务机关处理完税务违法行为后，应制作执行报告并交审理部门整理存档。公民举报的案件，还应按照有关规定做好奖励举报人的事宜。

2.3.2 预警指标与重点稽查方向

面对税务稽查，有些财税人员感到非常疑惑——全国有数不清的企业，为何税务机关单单稽查本企业？这是因为在税务局的相关系统中，每个企业的税务信息都进行了登记，一旦经过数据分析，发现企业的某项税务指标出现异常或漏洞，税务系统就会对该企业亮起"红灯"。税务机关极有可能对该企业进行税务稽查工作。

因此，作为企业财税人员，应当了解税务机关的相关税务稽查风险预警指标和稽查重点，这样才能使本企业的相关税务指标符合税务机关的要求，降低被税务机关稽查的概率。

1. 税务稽查风险预警指标

税务稽查风险预警指标主要分为五类，即存货类指标异常预警、收入类指标异常预警、税负类指标异常预警、资产类指标异常预警和进销项类指标异常预警，如表2-3所示。

表2-3 税务稽查风险预警指标类型

类型	主要内容
存货类指标异常预警	（1）存货周转率偏低； （2）期末存货大于实收资本，差异幅度异常； （3）账面存货率指标异常； （4）资金或存货周转次数平均每月超过5次
收入类指标异常预警	（1）未开具发票累计为负数； （2）增值税收入与所得税收入不一致； （3）主营业务收入变动率异常； （4）成本与收入弹性系数异常；

续表

类型	主要内容
收入类指标异常预警	（5）销售额变动率与应纳税额变动率弹性系数异常； （6）纳税人主营业务收入成本率异常； （7）纳税人主营业务收入费用率异常； （8）应税销售额变动异常； （9）纳税人主营业务收入变动率与主营业务成本变动率弹性系数异常
税负类指标异常预警	（1）一般纳税人低税负； （2）所得税贡献率异常； （3）查账企业亏损； （4）一般纳税人税负变动异常
资产类指标异常预警	（1）企业其他应收款占比异常（其他应收款占比＝其他应收款/资产总额×100%）； （2）企业存货扣税比异常[存货扣税比＝存货类进项税额/（期末存货余额－期初存货余额＋当期主营业务成本）×100%]； （3）纳税人流动资产变动率与主营业务收入变动率弹性系数异常； （4）纳税人固定资产变动率与销售收入变动率弹性系数异常； （5）纳税人固定资产综合折旧率变动异常； （6）纳税人无形资产综合摊销率变动异常
进销项类指标异常预警	（1）进项税额和销项税额变动弹性异常； （2）进项税额变动率高于销项税额变动率； （3）进项税额大于进项税额控制额； （4）农产品收购凭证抵扣进项占比超过50%； （5）外埠进项或销项税额比重超过50%； （6）主要进项或主要销项税额集中度低于65%

2. 2020年税务机关重点稽查方向

国家财税政策和经济发展趋势是不断变化的，税务机关对企业税务的重点稽查方向也随之变化。以下七点是2020年税务机关的重点稽查方向，企业财税人员应多加注意。

（1）虚开发票

截至2020年，国家已经建立了最新税收分类编码和纳税人识别号的大数据监控机制,虚开发票一旦被稽查,除补缴税款外,构成犯罪的,还要承担刑事责任。

(2) 公转私

在《关于办理非法从事资金支付结算业务、非法买卖外汇刑事案件适用法律若干问题的解释》中,最高人民法院、最高人民检察院明确表示:严惩虚构支付结算、公转私、套取现金、支票套现等行为。

(3) 骗取出口退税

税务总局、公安部、海关总署、中国人民银行在内的四部门联合预防和打击违反税收法规,采取以假报出口等欺骗手段,骗取国家出口退税款,数额较大的行为。

(4) 增值税零申报

作为一些企业常用手段之一的增值税零申报,也是税务稽查的重点对象。零申报持续时间一旦达到6个月,税务机关就会对企业展开分析调查,确认企业是否存在隐匿收入等问题。

(5) 虚列人员工资

针对人员工资,税务机关会从工资支出凭证、企业职工人数、薪酬标准等方面严查工资费用。

(6) 税收优惠企业认定

享受税收优惠政策的企业,也是税务机关稽查的重点。

(7) 税负率异常

税负率异常一直以来都是税务稽查的重点,如果企业平均税负上下浮动超过20%,税务机关就会对其进行重点调查。

企业财税人员要想降低本企业被税务机关进行稽查的概率,就要重点参考税务稽查风险预警指标和税务机关重点稽查方向,采取一系列措施,使企业内的各项财税指标趋于正常。

2.3.3 税务稽查应对技巧

税务机关对企业纳税情况进行检查属于正常现象,财税人员无须过于紧张。掌握一些应对税务稽查的技巧,可以帮助我们正确面对税务稽查工作,降低在被稽查过程中出错的概率。税务稽查应对技巧主要有以下四个。

1. 做好稽查准备工作

企业财税人员对于税务机关的稽查，应做好充分的准备工作。这些准备工作主要体现在以下三个方面：

(1) 日常准备工作

财税人员首先要在日常工作中做好应对税务稽查的准备，加强对税收政策的学习。我们可以结合前文提到的税务稽查风险预警指标及税务机关重点稽查方向，规避相关的税务风险，做到在日常工作中降低被税务机关稽查的概率。

(2) 稽查前的准备工作

稽查前的准备工作，是指企业在税务机关进行税务稽查前的资料准备工作。财税人员在税务机关来稽查之前，需要准备的资料包括但不仅限于以下六项，如图 2-3 所示。

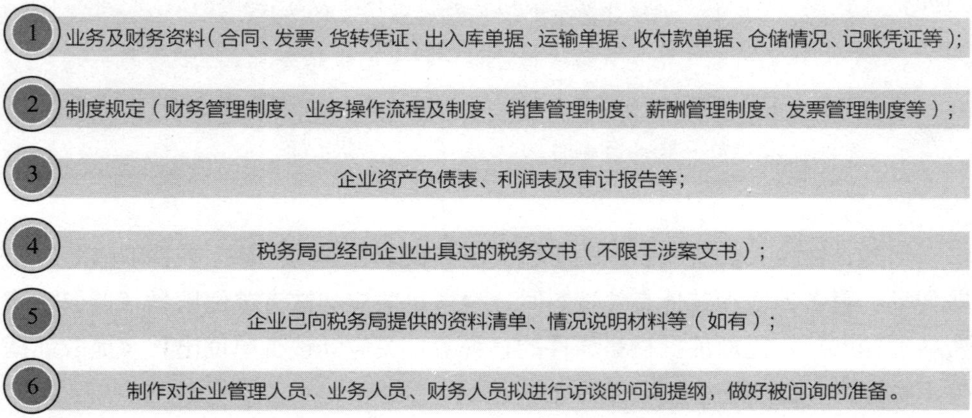

① 业务及财务资料（合同、发票、货转凭证、出入库单据、运输单据、收付款单据、仓储情况、记账凭证等）；

② 制度规定（财务管理制度、业务操作流程及制度、销售管理制度、薪酬管理制度、发票管理制度等）；

③ 企业资产负债表、利润表及审计报告等；

④ 税务局已经向企业出具过的税务文书（不限于涉案文书）；

⑤ 企业已向税务局提供的资料清单、情况说明材料等（如有）；

⑥ 制作对企业管理人员、业务人员、财务人员拟进行访谈的问询提纲，做好被问询的准备。

图 2-3　稽查前的六个准备事项

(3) 稽查接待心理准备

前文我们提到，税务机关稽查选案的方法有四种，换言之，企业有四种被税务机关选为稽查对象的原因。无论出于哪种原因，即便是被其他个人或企业举报，我们也应保持大度、宽容的心态，以沉着、冷静、自信的态度面对税务机关稽查人员。

财税人员对于税务机关稽查人员的到来，不必惊慌失措，应摆正位置，礼貌对待，恭而不卑，不与稽查人员争执。

2. 积极配合税务稽查工作

财税人员在税务机关稽查人员对本企业进行税务稽查时，应积极配合税务机关检查，不可藏匿甚至销毁涉税资料，更不可拒绝稽查人员记录、录音、录像或复制与检查相关的资料。

以上做法不仅无济于事，还会徒增企业涉税风险，相关责任人可能会因此承担相应的行政责任；构成犯罪的，甚至会被追究刑事责任。

> **纳税小课堂**
>
> 税务机关依据法定权限和程序实施检查，一般采取实地检查、调取账簿资料、询问、查询存款账户或者储蓄存款、异地协查等方法进行，其中，调取账簿资料和询问是最常见的方式。
>
> 对采用电子信息系统进行管理和核算的被稽查对象，税务机关可要求其打开该电子信息系统，或提供与原始电子数据、电子信息系统技术资料一致的复制件。

另外，财税人员有权要求税务机关出具调取材料的清单。在调取账簿、记账凭证、财务报表和其他有关资料时，税务机关应向被查单位出具《调取账簿资料通知书》；提取证据材料原件的，税务机关应向被查单位出具《提取证据专用收据》，由被查单位核对后签章确认。

3. 稽查意见巧妙反馈

对于税务机关稽查人员提出的稽查意见或相关问题，要认真研究，逐条核对后，进行书面报告或口头反映。在陈述过程中，财税人员应与其他同事协调配合，做到进退有序，有礼有节，有理有据。

4. 稽查后的复议或诉讼工作

税务机关稽查人员在经过选案、实施稽查后，会在其内部的审理部门进行审理，并做出最终决定。

根据《税务稽查工作规程》第五十五条第一款的规定，审理部门要区分下列情形，对纳税人分别做出处理。税务机关稽查处理结果如图2-4所示。

第2章 能力修炼：练就五大专项能力

1 认为有税收违法行为，应当进行税务处理的，拟制《税务处理决定书》

2 认为有税收违法行为，应当进行税务行政处罚的，拟制《税务行政处罚决定书》

3 认为税收违法行为轻微，依法可以不予税务行政处罚的，拟制《不予税务行政处罚决定书》

4 认为没有税收违法行为的，拟制《税务稽查结论》

图 2-4　税务机关稽查处理结果

稽查结束后，财税人员要全面考虑这四种处理结果，因为企业一旦被选为稽查对象，被税务机关做出处理、处罚决定的可能性就会比较高，稳妥起见，财税人员要尽量考虑稽查后被处罚的情况，做好进行复议或诉讼的准备。

企业被税务机关进行税务稽查，是一件较为常见的事情。遇到税务稽查时，财税人员无须恐慌，只要做好正面、积极、专业的应对，就可以大大降低承担税务风险的概率。

实操笔记

【单选题】当本企业被税务机关稽查之后，收到了税务机关发来的《税务稽查结论》，代表税务机关认为本企业的纳税业务（　　）。

A. 存在严重纳税违法行为　　　B. 存在纳税违法行为

C. 存在轻微纳税违法行为　　　D. 不存在纳税违法行为

答案：D

2.4 能力四：分析财报与管控成本

C企业财税人员小金的实习期临近结束，企业主管与小金进行了面谈。在面谈中主管表示，小金工作比较认真，但对财税人员这个岗位的理解与思考还不够。

事实上，决定财税人员职业高度的不仅是对待工作的态度，还包括各种专项能力。专项能力的高低是衡量财税人员岗位能力的重要标准。企业的财税人员究竟应该具备怎样的专项能力，这些能力又体现在哪些方面，需要如何落实到工作中？接下来我们将为大家进行详细解答。

2.4.1 分析财报

财务报表（简称财报）可以帮助财税人员较为全面地了解企业的经营结果和财务状况，其分析结果可以暴露企业潜在的财务风险和税务风险。因此，在年终结账时，财税人员一定要对财务报表进行分析，以发现其中潜藏的风险。

财税人员在分析财务报表时，应重点留意以下三个现象。

1. 资产负债表科目经不起推敲，账务处理混乱

资产负债表中的"存货""应收账款""其他应收款""应付账款""其他应付款""资本公积"等会计科目很容易出现问题，财税人员应重点审核、推敲这几个科目。此外，资产负债表还容易出现账表不符、账实不符的现象。比如，企业在采购时，为了控制成本，没有让供应商开具正规发票，导致货物无法正常入账，进而造成账实不符、账表不符。财税人员一定要善于寻找蛛丝马迹，查出并杜绝这种账务处理混乱的现象。

2. 利润表中的利润结构不合理

在利润表中，费用成本与收入的比例能反映出很多问题。如果费用成本与收入的比例不合常理，说明企业的利润结构有问题。造成这种不合理现象的原

因有两点：一是企业的经营策略存在问题，二是企业虚构了收入。比如，在会计年度内，B企业的收入大幅增加，但成本费用的增幅却不大，二者的比例明显不合常理，说明B企业的利润结构不合理。

此外，税务机关会重点关注费用成本与收入不成比例的企业，并且有可能将这类企业列为税务稽查对象。因此，财税人员在审核利润表时，应重点关注企业利润结构的合理性。

3. 财务指标忽高忽低

有些企业的财务报表反映出的财务指标极不稳定，不但忽高忽低，而且漏洞百出。财税人员应该注意分析各项财务指标和会计比率是否合理。如果毛利润比率、净利润及费用增减比率等重要会计比率不合理，则说明企业的经营出现了问题，很有可能会引起税务机关的注意。

年末核算与结账工作对财税人员来说极为重要，这部分工作涉及纳税和企业一年的经营成果，财税人员一定要厘清思路，认真、谨慎地完成年末账务处理工作。

2.4.2 管控成本

财税人员要加强管控成本的能力，从财税工作出发，将监督落实到企业其余各个生产环节，为企业带来效益的提升。

1. 及时提升管控成本能力

财税人员提升自身管控成本的能力，主要可以从以下三个方面进行：

（1）多学习，多总结

作为企业的财税人员，不仅要精通专业问题，持续提高自身业务素质，还要跟进了解企业其他环节的工作，重视轮岗机会，增强自身的沟通能力，获取更多的话语权。只有这样，财税人员才有能力在生产管理、成本发生等各个板块的重点环节上，及时发现不合理的事项，帮助企业做出整改。

（2）守原则，敢担当

对于不合理的业务事项，财税人员要敢于抵制，拒绝假账。只有严格财经纪律，认真把好财务关口，才能保证企业的经济安全，企业的业务事项依法合规。

财税人员要保持对法律威严和纪律严肃性的敬畏之心，坚持廉洁自律，有规矩意识、纪律意识、底线意识、红线意识，保证企业在经济上不出任何问题。

（3）勤主动，牢把关

财税人员要有"关口前移"的工作理念，积极发挥主动性，为企业行政工作提供依据，提高效益，辅助企业的经营管理工作，帮助企业把好投资关、决策关。

2. 落实成本管控的"六点突出"

财税人员要以"降本增效，向成本要效益"为任务目标，积极配合企业在经营管理上的管控措施，降低成本，具体措施的落实可从以下"六点突出"着手：

（1）突出信息功能

财税人员要善于及时、全面地处理财务会计历史信息和财务管理对外信息，并提升企业财税信息化水平，为企业支持决策的信息系统和支持管理的控制系统提供依据。

（2）突出能力建设

财税人员要积极参与各项能够提高自身专业能力的培训，完成自身能力建设。

（3）突出转变观念

财税人员要配合企业做好内外对标。内部对标，即配合企业相关整改工作；外部对标，即向典型看齐，及时找到短板。

（4）突出精益管理

财税人员要树立"一切成本都可控"的意识，积极创新成本管控方法，将经营管理落实到企业生产环节中，严格控制材料消耗，做好日常材料消耗的跟踪记录。财税人员要关注产品销售情况，做到及时出具产品市场分析简报，帮助企业预测产品市场走势，分析价格异动成因，为企业管理制订相关销售方案，提供高价值的决策依据。

（5）突出风险管控

财税人员要帮助企业构筑富有企业特色的经济本安体系[1]，配合企业开

---

[1] 本安体系，即本质安全管理体系，其核心内容包括以下四点：人的安全可靠性；物的安全可靠性；系统的安全可靠性；制度规范、管理科学及培训教育到位。

展经营合规性大检查，全面盘点、梳理典型问题，落实整改措施，保障经济安全。

(6) 突出异常管理

配合企业定时、按时完成经济活动分析会，以关键绩效指标分析为切入点，剖析成本异常成因，为优化生产经营决策、改进生产经营行为提供依据，落实责任，让员工感受到成本管控的压力，帮助企业形成现场及时研究解决生产经营问题和困难的长效机制。

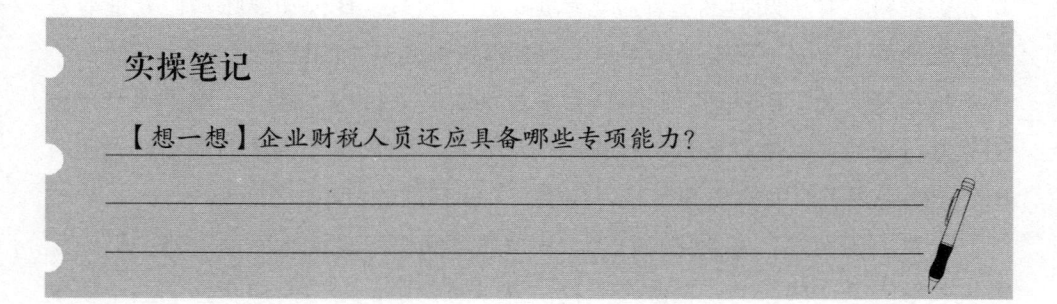

实操笔记

【想一想】企业财税人员还应具备哪些专项能力？

_____

_____

2.5 能力五：合规化管理税务工作

B县税务局稽查局根据群众举报，以B县建材有限公司（以下简称B公司）涉嫌税收违法为由立案检查。此后，稽查局3次送达相关税务文书，要求B公司提供资料，并告知拒不提供应当承担的法律责任。B公司以账簿、凭证等资料被盗抢丢失为由一直未提供，也没有提供资料被盗抢的证据。

稽查局认为，B公司以此阻挠税务机关对其进行税务检查，属于情节严重的逃避、拒绝或阻挠税务机关检查的情形，除了要求其补税并缴纳罚款，还对B公司拒绝税务机关检查的行为，给予5万元罚款的行政处罚。

针对上述案例，专业律师认为，B公司之所以不理性地做出逃避、拒绝税务机关检查的违法行为，根源在于税法遵从意识弱，对自身应负担的法定税收合规义务不知晓。可见，企业要秉持敬畏税法的态度，增强税法遵从意识，依法履行各项义务，使企业的税务工作合规化。

2.5.1 企业发票管理

发票是企业最重要的单据之一，发票管理是企业收付款工作的重中之重。

政府通过控票来管控国家税源，制止企业的虚假经济活动。伴随着金三系统[1]的上线、电子发票的传递及相关涉及发票法律制度的颁布，发票管理工作愈加重要。例如，法律上已把增值税专用发票认定为已付款的有效凭证，如果企业采购和销售业务的发票更清晰、明确，那么收付款业务也会更清晰，资金预测也会更准确，有利于企业税务工作的合规化管理。

对于企业来说，管理好发票是税务工作合规化管理的重要手段。为了管理好发票，需要从增强发票意识、保证流程一致和加强协同管理三个方面着手。

---

[1] 金三系统：金税三期工程属国家级信息系统工程，是国家电子政务建设的重要组成部分。该系统融合了税收征管变革和技术创新，统一了全国各地税务征管应用系统版本，搭建了统一的纳税服务平台，实现了全国税收数据大集中。

1. 增强发票意识

财税人员要让采购、销售等业务部门认识到，做好发票管理工作不是财务一个部门的事；财务部门也要及时给业务部门培训有关发票的知识，包括票样格式、税率保证、开票时间、合同中税点约定等。

2. 保证流程一致

在流程上，无论是收款、付款还是开票，都要保证钱、货、票一致。开票的时间涉及回款周期[1]和应收账款催收频率，而且采购发票到达公司的时间直接影响当月的纳税额度（可以抵扣销项税额），因此，财务部门要建立各自的供应商、客户台账，以记录钱、货、票的情况，部门间也要定期核对。

3. 加强协同管理

协同管理主要是加强企业各个部门间的协同。例如，近期发票税率下调，16%调为13%，10%调为9%，这时财务部门除了要通知自己部门的员工，还要提醒其他部门协同工作。

（1）催促采购部门尽快将进项发票[2]催回，并且要求其尽量明确采购合同。

（2）告知销售部门更多地考虑含税价的产品。

（3）通知其他部门（如生产部、研发部等）发生已付款未结算业务的，需要催回进项发票以便进行财务抵扣，并且后续签订明确税率的合同。如果出现合同税率和后期发票税率不符的情况，可以考虑和对方协商一致，少付税率差异，并签订补充协议约定这一事项。

2.5.2 企业合同管理

企业合同条文众多，很多管理人员都不愿意认真阅读企业合同。仔细阅读合同条文是合同管理的第一步。有效率地阅读企业合同是一件很重要的工作，能够确保合同分析的有效性。合同管理制度的完善能够提升企业的经济效益，

---

[1] 回款周期：一般是指自发货日到收款日的天数。
[2] 进项发票：增值税中列计进项税额的发票叫作进项发票。其中，进项税额是指纳税人购进货物或者接受应税劳务，所支付或者负担的增值税税额。

防止诉讼的发生。

企业要全面地对合同进行管理，发挥合同给企业带来利润、反映企业动向的作用，进而促进企业合同的合规化。下面我们以合同签署时间为出发点，介绍企业合同管理的流程。

1. 合同签署前

合同签署前的调研工作是合同订立的基础，包括确定签署合同的目的和审查合同对方主体资信两个方面。

（1）确定签署合同的目的

签署每项合同都有它的目的，在签署合同之前必须明确这个目的是什么，然后围绕这个目的集合企业各个部门的力量对合同做准备工作。

（2）审查合同对方主体资信

签署合同前，要对合同对方的基本信息、资质许可、行政仲裁[1]等资信情况进行调查。

值得注意的是，在签署重大合同时，企业可以聘请独立财务、法律服务团队进行专业的调查。

2. 合同签署时

合同签署不能一蹴而就，一个完整的合同签署流程需要经过以下三个步骤，以达到对合同签署的合规化目的，如表2-4所示。

表2-4 合同签署的三个步骤

步骤	合同管理内容	具体解释
相关负责人分工	确定谈判负责人	确定谈判负责人包括企业业务人员、法务人员、相关技术人员等
	确定文本内容审核负责人	一般由业务人员与法务人员共同负责合同内容的全面审查
	指定一人跟进合同签署、执行的全部流程	

---

[1] 行政仲裁又称"行政公断"，是行政机关以第三者身份依法对当事人之间的争议，按照法定仲裁程序予以解决的制度。它是具有准司法性质的行政活动。

续表

步骤	合同管理内容	具体解释
合同文本的审查	双方主体信息	合同首部应列明签署合同主体的准确名称、地址、负责人等
	合同签署的背景及目的描述清楚明确	在合同条款前，一般会有"鉴于"部分，该部分主要描述合同签署的背景及目的
	审核合同双方的权利义务	权利义务条款是合同的核心条款，对权利义务的描述应详细、准确，体现合同谈判结果并具有可执行性
	合同通知条款的约定	因被通知方经常会以没有收到通知为理由不认可通知内容，故我们应在合同中约定多种通知方式，并要求双方保证通知渠道畅通；如因一方单方变更收取通知的地址，则自行承担未收取通知的责任
	违约条款	违约条款应具有可执行性，不鼓励做出过度严苛的违约约定，这样往往会在签署过程中影响签约进度，在出现纠纷后也很难得到法院的支持
	法律适用及管辖条款	在谈判地位允许的前提下，尽量争取有利于自己的法律适用及管辖地点
	签署与生效条款	明确合同签署与生效的条件，如要求必须加盖公章且由法定代表人签字等
合同签署的形式完善	双方均需签署	确保合同主体均按照合同生效条款完备签署，如约定须加盖公章且由授权代表签字，注意核查是否签字
	骑缝签署[1]	合同一般都会在两页以上，确保除落款页外，每页都有清晰的骑缝签署或每页都有简签。对于合同内容有手写修改的地方，应保证每份合同所修改的内容一致，并且由双方在修改处进行签署确认
	自然人主体的注意内容	合同主体一方为自然人的情况下，要确保自然人加印指纹，并将自然人身份证复印件留作合同附件
	当面签署或安排签署见证人	

---

[1] 骑缝签署，即签字时签到纸张的边缝，以保证文件的完整性。

虽然合同签署的程序复杂，注意事项繁多，但作为企业财税人员，只有重视合同签署的每个环节，才能使其为企业创造利润，减少企业的纠纷，避免诉讼的发生。

3. 合同履行时

合同签署完成后应交由专人保管，并严格按照合同约定开始履行。合同的履行需要注意以下五点：

（1）签署合同后，应及时将原件交给存档部门存档，并留存合同副本，交由合同执行负责人，以便随时查阅。

（2）合同执行负责人应督促企业各部门推进合同履行进度，在保证自身如约履行的情况下，也要确认对方是否及时履约。

（3）合同履行过程中若出现履行障碍，应及时通知对方，并协商处理方式。

（4）合同履行过程中要注意使用约定的联系方式，对于对方的通知、变更也要核实是否是由约定人员、约定地址发出的。

（5）合同履行过程中若出现对方违约的情况，应及时采取救济手段，进行催促或提起法律救济程序，以免超过时效。

4. 合同履行后

合同履行后，应对合同进行妥善的归档、保管，并对合同进行登记。除此之外，还要建立客户档案信息和客户评价系统，以此调整企业经营策略。合同履行后应当做的四件事情如下：

（1）合同应交由企业档案管理部门进行归档，合同归档之前进行扫描，留存合同电子版，做到纸质文件与电子文件的统一。为保稳妥，每项合同至少应留存两份原件，分别放置在法务部门或行政部门，并独立留存。

（2）建立客户档案信息。通过汇总签署合同的客户信息，为日后客户回访及老客户维护提供信息支持。

（3）建立客户评价系统。每项合同在执行完毕后，请客户对本企业做出评价，以便发现企业在合作过程中的不足，并进行相应的改进工作。

（4）定期对合同进行汇总、整理，从不同的角度对合同进行分类、分析。每个企业的情况不同，可以多维度地进行汇总、分析，通过合同来反映企业的经营状况，进而调整企业的经营策略。

纳税小课堂

签署合同时，需要注意以下两点：

（1）充分运用国家税收政策

首先，要正确理解和运用国家税收政策；其次，要随时关注国家新推出的税收优惠政策，并及时到当地税务局办理相关手续；最后，要关注国家税收政策的有效期限，以免错过优惠期限。

（2）利用合同改变业务流程，实现节税

所签署的合同内容决定了业务流程，而业务流程决定了税收。因此，想要降低流转税，就要尽量减少流转环节，以达到节税的目的。

合同履行后应当做的四件事情既有先后顺序也有交叉的部分，在实际管理中应对具体问题制定对应的管理方式。由于每个企业的情况不同，财税人员要提高对合同合规化管理的重视程度，结合自身情况来制定详细的管理模式，使合同发挥风险防控、盈利、反映企业发展状况等作用。

实操笔记

【写一写】企业合同管理的流程是怎样的？请在下面写出来。
_____
_____

第二部分
税务处理方法

第3章

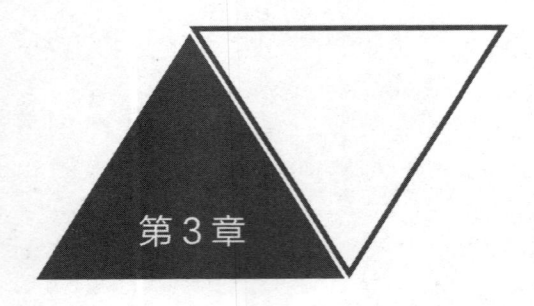

增值税：撬动企业利润的杠杆

　　增值税是企业需要缴纳的主要税种之一。增值税的缴纳，既体现了企业的盈亏状况，也影响着企业最终获得的利润。了解增值税的基础知识，掌握增值税的计算方法，是每个企业财税人员都必须掌握的基本技能之一。

3.1 增值税综述

A商贸公司的主营业务是手机销售，该公司在多个繁华商圈均设有店面，生意十分火爆。近几年来，A商贸公司相较于以前，营业额没有大幅提升，但最终利润却比以前有了大幅增长。

原来，以前A商贸公司卖出去的手机都要按照营业额缴纳营业税，假设当时的营业税税率为3%，那么每卖出100万元的手机，A商贸公司就要缴纳3万元的税款，但这100万元手机的实际利润可能只有10万元。

后来，国家对营业税进行了改革，A商贸公司不用再缴纳营业税，改为缴纳增值税。本节我们将围绕增值税的相关内容展开，看看A商贸公司现在缴纳的税种发生了哪些变化。

3.1.1 什么是增值税

了解增值税，要从其定义和类型两个方面着手。

1. 增值税的定义

增值税是以商品在流转过程中产生的增值额作为计税依据而征收的一种流转税，由国家税务总局负责征收。增值税的征收通常包括生产、流通或消费过程中的各个环节，是基于增值额[1]或价差为计税依据的中性税种。

---

[1] 增值额是指从销售额中扣除当期购进商品与劳务的价值差额后余下的价值量，即企业或个人在生产经营过程中所创造的那部分价值。如果把一件商品的价值构成用"C+V+M"的公式来表示，则"C"是指商品生产过程中所消耗的原材料价值；"V"是指劳动者为这个商品创造的价值；"M"是指这件商品销售出去所获得的利润。商品的增值额相当于其中"V+M"的部分。

> **纳税小课堂**
>
> 增值税采用税款抵扣制，因为在实际计算税款时，很难准确地划分企业增值项目和非增值项目，所以不是先求出各生产经营环节的增值额并据以纳税，而是采用税款抵扣制，在计税过程中做到层层抵扣、环环征税。

2.增值税的类型

在增值税缴纳的过程中，确定增值额是一个重要的环节。前文提到的"V+M"，属于增值额中的一种，被称为理论增值额。但在纳税实践中，如果全部按照理论增值额缴纳增值税，则实际征税过程会比较麻烦。因此，各国政府根据各国国情和政策要求，在增值税制度中人为地规定了一些增值额，被称为法定增值额。

法定增值额与理论增值额往往不一致，主要区别在于对固定资产已纳税额的处理方式不同。依据对固定资产已纳税额扣除的不同规定，增值税分为生产型增值税、收入型增值税和消费型增值税三种，如表3-1所示。

表3-1 增值税的三种类型

类型	界定	特点
生产型增值税	以纳税人的销售收入（或劳务收入）减去用于生产、经营的外购原材料、燃料、动力等物质价值后的余额作为法定的增值额，但对购入的固定资产及其折旧均不予扣除	存在对固定资产价值重复征税问题，对于资本有机构成高的行业的发展和对于加快技术进步有不利影响；但法定增值额大于理论上的增值额，因而有利于扩大财政收入
收入型增值税	除允许扣除外购物质资料的价值外，对于购置用于生产、经营的固定资产，允许将已提折旧的价值额予以扣除	法定增值额与理论增值额一致，可以在固定资产的折旧期内逐步解决重复征税问题；但这种类型的增值税在操作上存在一定的困难，因而影响了其广泛应用

续表

类型	界定	特点
消费型增值税	允许将外购物质资料的价值和用于生产、经营的固定资产价值中所含税款的价款，在购置当期全部一次扣除	对于扩大固定资产投资具有较强的激励效应，在大部分实行增值税的国家得到了应用

增值税长久以来都在我国各类税收中占据主要地位，其在国家财政税收收入的占比近两年均接近 40%，为国家的财政收入和经济发展做出了巨大的贡献。

3.1.2 什么是"营改增"

营业税改增值税，简称"营改增"，是指以前缴纳营业税的应税项目，改为缴纳增值税。"营改增"在我国税收发展史上是里程碑似的存在，见证了我国税收法律不断完善化、科学化的进程。

"营改增"在全国的推广，主要经过了以下三个阶段，如表 3-2 所示。

表 3-2 "营改增"的推广阶段

阶段	时间	内容
第一阶段	2012 年 1 月 1 日	在上海交通运输业和部分现代服务业开展"营改增"试点
	2012 年 8 月 1 日 — 12 月 1 日	试点范围由上海市分四批扩大至北京、江苏、安徽、福建、广东、天津、浙江、湖北等 10 省（市）
第二阶段	2013 年 8 月 1 日	交通运输业和部分现代服务业"营改增"试点推向全国，同时将广播影视服务纳入试点范围
	2014 年 1 月 1 日	铁路运输业和邮政业在全国范围实施"营改增"试点
	2014 年 6 月 1 日	电信业在全国范围实施"营改增"试点
第三阶段	2016 年 5 月 1 日	将试点范围扩大到建筑业、房地产业、金融业、生活服务业，并将所有企业新增不动产所含增值税纳入抵扣范围，确保所有行业税负只减不增

至此，营业税正式退出历史舞台，增值税制度更加规范。此次改革是自1994年分税制改革以来，财税体制的又一次重大变革。

"营改增"最大的意义，就是减少重复征税，降低企业或个人的税收负担，促使社会税收形成良性循环。

例如，此前我国征收营业税时，假设B公司的营业额为100万元，税率为5%，那么须缴纳5万元的税款。这种纳税方式方便、简单，但存在一个很大的问题，就是在流通过程中会重复征税。

假设小王购买100万元的A产品，那么这100万元中，就包括95万元的营业额和5万元的营业税；如果此时小王把A产品以120万元的价格卖出去，那么他此时还要缴纳6万元的税款。也就是说，一个产品流转的次数越多，重复缴纳的营业税就越多。如果一个产品流转10次才到消费者手上，就意味着消费者实际上承担了10次营业税。

因此，从某种意义上说，"营改增"是一种减税的政策。"营改增"可以在经济下行压力较大的情况下，有效促进投资带动供给，供给带动需求。

更重要的是，"营改增"将营业税的"价内税"[1]变成了增值税的"价外税"[2]，形成了增值税进项和销项的抵扣关系，改变了市场经济交往中的价格体系，从深层次上影响了产业结构的调整及企业的内部架构。

实操笔记

【单选题】以下（　　）是我国现行增值税采用的类型。

A. 消费型增值税　　　　　　B. 收入型增值税

C. 生产型增值税　　　　　　D. 积累型增值税

答案：A

---

[1] 凡是税金构成价格的组成部分，作为课税对象——价格的组成因素的税种，都为价内税。这是按照税收与价格的关系为标准所进行的一种分类。

[2] 凡是税金作为价格之外附加的税，都为价外税。一般认为价外税比价内税容易转嫁，因为价内税课征的重点是生产者，价外税课征的重点是消费者。

3.2 增值税的纳税人、征税范围、税率与征收率

小李是 S 公司新聘请的实习财税人员。近日，S 公司的其他财税人员都在参与公司上一季度增值税缴纳的相关工作，小李在一旁学习。在这个过程中，小李发现，增值税的纳税人分为一般纳税人和小规模纳税人。

关于如何确定和区别增值税的一般纳税人和小规模纳税人，本节将做详细的介绍。

3.2.1 增值税的纳税人

每个税种对应的征收对象都是不同的，增值税的征收对象分为增值税的纳税义务人和扣缴义务人。

1. 纳税义务人

凡在中华人民共和国境内销售货物或者进口货物、提供应税劳务和应税服务的单位和个人都是增值税的纳税义务人。

这里的"单位"是指企业、行政单位、事业单位、军事单位、社会团体和其他单位；"个人"是指个体工商户和其他个人。

增值税纳税人分为一般纳税人和小规模纳税人。划分一般纳税人和小规模纳税人的依据通常有三类：第一类是企业的经营规模；第二类是企业会计核算水平；第三类是一些特殊情况。其中，企业的经营规模可以通过企业的年应税销售额[1]、应税服务年销售额[2]来判断。

增值税纳税人的划分依据如表 3-3 所示。

---

[1] 年应税销售额是指纳税人在连续不超过 12 个月的经营期内累积应缴增值税销售额。
[2] 应税服务年销售额是指纳税人在连续不超过 12 个月的经营期内累计应征增值税销售额，含减、免税销售额、提供境外服务销售额，以及按规定已从销售额中差额扣除的部分。

表 3-3 增值税纳税人的划分依据

划分依据	纳税人	一般纳税人	小规模纳税人
企业的经营规模	从事货物生产或者提供应税劳务的纳税人，以及以从事货物生产或者提供应税劳务为主，并兼营货物批发或者零售的纳税人	年应税销售额在80万元以上	年应税销售额在50万元以下（含50万元）
	从事批发或零售货物的纳税人	年应税销售额在80万元以上	年应税销售额在80万元以下（含80万元）
	营业税改征增值税试点纳税人	应税服务年销售额在500万元以上（含500万元）	应税服务年销售额在500万元以下
企业会计核算水平	未超过规定标准的纳税人会计核算健全，能够提供准确税务资料的，可以向主管税务机关申请一般纳税人资格认定，成为一般纳税人		
一些特殊情况	超过小规模纳税人标准的其他个人		按小规模纳税人纳税
	非企业性单位、不经常发生应税行为的企业		可选择按小规模纳税人纳税
	应税服务年销售额超过规定标准的其他个人不属于一般纳税人；不经常提供应税服务的非企业性单位、企业和个体工商户		可选择按小规模纳税人纳税
	兼有销售货物、提供加工修理修配劳务以及应税服务，且不经常发生应税行为的单位和个体工商户		可选择按小规模纳税人纳税

在纳税实践中，增值税的纳税人通常较易区分，但在遇到特殊情况时，应谨慎对待。

2. 扣缴义务人

《中华人民共和国增值税暂行条例》（国务院第191次常务会议通过）（以下简称《增值税暂行条例》）第十八条规定："中华人民共和国境外的单位或者个人在境内销售劳务，在境内未设有经营机构的，以其境内代理人为扣缴义务人；在境内没有代理人的，以购买方为扣缴义务人。"

《财政部 国家税务总局关于全面推开营业税改征增值税试点的通知》（财税〔2016〕36号）附件1第六条规定："中华人民共和国境外（以下称境外）

单位或者个人在境内发生应税行为，在境内未设有经营机构的，以购买方为增值税扣缴义务人。财政部和国家税务总局另有规定的除外。"

3.2.2 增值税的征税范围

根据我国《增值税暂行条例》及其他法律、法规的规定，我国现行增值税的征税范围被分为两类：一类是一般规定范围，另一类是特别规定范围。

1. 征税范围的一般规定

在我国境内销售或进口货物、提供应税劳务、发生应税行为，均属于增值税的征税范围，主要包括以下具体行为：

（1）销售或进口货物。货物是指有形动产，包括电力、热力、气体等。

（2）提供应税劳务。应税劳务主要分为加工劳务和修理修配劳务两种类型，加工劳务要由委托方提供原料及主要材料才能成立。

（3）发生应税行为。应税行为包括销售应税服务、销售无形资产和销售不动产等。

其中，应税行为的具体范围如表3-4所示。

表3-4 应税行为的具体范围

行业	主要涵盖内容	具体范围
交通运输服务	陆路运输服务	（1）铁路运输和其他陆路运输（公路、缆车、索道、地铁、城市轻轨等）； （2）出租公司收取的出租车管理费
	水路运输服务	（1）通过江、河、湖、川等天然、人工水道或者海洋航道运送货物或者旅客的运输业务活动； （2）远洋运输的程租业务[1]、期租业务[2]
	航空运输服务	（1）航空运输的湿租业务[3]； （2）航天运输
	管道运输服务	管道设施输送气体、液体、固体物质的运输业务
	无运输工具承运业务	经营者以承运人身份与托运人签订运输服务合同，收取运费并承担承运人责任，然后委托实际承运人完成运输服务的经营活动

---

[1] 程租业务是指远洋运输企业为租船人完成某一特定航次的运输任务并收取租赁费的业务。
[2] 期租业务是指远洋运输企业将配备有操作人员的船舶承租给他人使用一定期限的业务。
[3] 湿租业务是指航空运输企业将配备有机组人员的飞机承租给他人使用一定期限，承租期内听候承租方调遣，不论是否经营，均按一定标准向承租方收取租赁费，发生的固定费用均由承租方负担的业务。

续表

行业	主要涵盖内容	具体范围
建筑服务		工程服务、安装服务、修缮服务、装饰服务和其他建筑服务。其中，修缮服务是指对建筑物、构筑物进行修补、加固、养护、改善，使之恢复原来的使用价值或者延长其使用期限的工程作业
		固定电话、有线电视、宽带、水、电、燃气、暖气等经营者向用户收取的安装费、初装费、开户费、扩容费及类似收费，按照安装服务缴纳增值税
		物业服务企业为业主提供的装修服务，按照建筑服务缴纳增值税
		其他建筑服务是指上列工程作业之外的各种工程作业服务，如钻井（打井）、拆除建筑物或者构筑物、平整土地、园林绿化、疏浚（不包括航道疏浚）、建筑物平移、搭脚手架、爆破、矿山穿孔、表面附着物（包括岩层、土层、沙层等）剥离和清理等工程作业
		纳税人将建筑施工设备出租给他人使用并配备操作人员的，按照建筑服务缴纳增值税
金融服务	贷款服务	（1）各种占用、拆借资金取得的收入，包括金融商品持有期间利息收入、融资性售后回租、罚息等业务取得的利息及利息性质的收入； （2）货币资金投资收取的固定利润或者保底利润，按照贷款服务缴纳增值税
	直接收费金融服务	
	保险服务	（1）人身保险服务； （2）财产保险服务
	金融商品转让	（1）金融商品转让是指转让外汇、有价证券、非货物期货和其他金融商品所有权的业务活动； （2）其他金融商品转让包括基金、信托、理财产品等各类资产管理产品和各种金融衍生品的转让
现代服务	研发和技术服务	研发服务、合同能源管理服务、工程勘察勘探服务、专业技术服务。其中，专业技术服务是指气象服务、地震服务、海洋服务、测绘服务、城市规划、环境与生态监测服务等专项技术服务
	信息技术服务	软件服务、电路设计及测试服务、信息系统服务、业务流程管理服务和信息系统增值服务
	文化创意服务	设计服务（包括内部管理设计、供应链设计、动漫设计、网游设计、网站设计、广告设计等）、知识产权服务、广告服务（包括广告代理和广告的发布、播映、宣传、展示等）和会议展览服务（包括宾馆、旅馆、旅社、度假村和其他经营性住宿场所提供会议场地及配套服务的活动）

续表

行业	主要涵盖内容	具体范围
现代服务	物流辅助服务	航空服务（含航空地面服务和通用航空服务）、港口码头服务（含港口设施保安费）、货运客运场站服务、打捞救助服务、装卸搬运服务、仓储服务和收派服务
	租赁服务	（1）包括融资租赁服务和经营租赁服务。融资性售后回租不按照本税目纳税； （2）将建筑物、构筑物等不动产或者飞机、车辆等有形动产的广告位出租给其他单位或者个人用于发布广告，按照经营租赁服务缴纳增值税。车辆停放服务、道路通行服务（包括过路费、过桥费、过闸费）等，按照不动产经营租赁服务缴纳增值税； （3）水路运输的光租业务、航空运输的干租业务属于经营租赁服务
	鉴证咨询服务	认证服务、鉴证服务和咨询服务（含翻译服务和市场调查服务）
	广播影视服务	广播影视节目（作品）的制作服务、发行服务和播映（含放映）服务
	商务辅助服务	企业管理服务（含物业管理）、经纪代理服务（含金融代理）、人力资源服务、安全保护服务
生活服务		文化体育服务、教育医疗服务、旅游娱乐服务、餐饮住宿服务、居民日常服务和其他生活服务
		提供餐饮服务的纳税人销售的外卖食品，按照餐饮服务缴纳增值税
		纳税人在游览场所经营索道、摆渡车、电瓶车、游船等取得的收入，按照文化体育服务缴纳增值税
		旅游娱乐服务包括旅游服务和娱乐服务。娱乐服务是指为娱乐活动同时提供场所和服务的业务，具体包括歌厅、舞厅、夜总会、酒吧、台球、高尔夫球、保龄球、游艺（包括射击、狩猎、跑马、游戏机、蹦极、卡丁车、热气球、动力伞、射箭、飞镖）等
销售无形资产		销售无形资产指转让无形资产所有权或者使用权的业务活动
		无形资产包括技术、商标、著作权、商誉、自然资源使用权和其他权益性无形资产
销售不动产		转让建筑物有限产权或者永久使用权的，转让在建的建筑物或者构筑物所有权的，以及在转让建筑物或者构筑物时一并转让其所占土地的使用权的，按照销售不动产缴纳增值税

2. 征税范围的特别规定

税务机关在征税实践中，发现还有许多特殊情况。针对这些特殊情况，财政部、国家税务总局列举了一些征税范围的特别规定，主要包括视同销售行为、兼营行为和混合销售行为三种。另外，还有一些特殊的项目，符合相关要求但又不属于增值税征税范围。

（1）视同销售行为

增值税领域的视同销售是相对销售货物而言的，是指那些提供货物的行为本身不符合《中华人民共和国增值税暂行条例实施细则》（以下简称《增值税暂行条例实施细则》）中对销售货物所定义的"有偿转让货物的所有权"条件，或不符合财务会计制度规定的"销售"条件，而增值税在征税时要视同为销售货物征税的行为。

《增值税暂时条例实施细则》中规定了八种视同销售行为，如表3-5所示。

表3-5 八种视同销售行为

八种视同销售行为	将货物交付他人代销
	销售代销货物
	设有两个以上机构并实行统一核算的纳税人，将货物从一个机构移送至其他机构用于销售，但相关机构设在同一县（市）的除外
	将自产、委托加工的货物用于非应税项目
	将自产、委托加工或购买的货物作为投资，提供给其他单位或个体经营者
	将自产、委托加工或购买的货物用于分配给股东或投资者
	将自产、委托加工的货物用于集体福利或个人消费
	将自产、委托加工或购买的货物无偿赠送他人

（2）兼营行为

兼营行为是纳税人发生的应税行为既包括销售货物、应税劳务、应税服务，又包括转让不动产、无形资产，但各类应税行为不同时发生在同一购买者身上，即不发生在同一项销售行为中。在增值税征税的过程中，对于兼营行为的三项规定，如表3-6所示。

表 3-6　对于兼营行为的三项规定

对于兼营行为的三项规定	一般纳税人兼营销售货物、加工修理修配劳务、服务、无形资产、不动产适用不同税率或者征收率的，应分别核算适用不同税率或征收率的销售额；未分别核算销售额的，从高适用税率、征收率
	一般纳税人兼营免税、减税项目的，应分别核算免税、减税项目的销售额；未分别核算销售额的，不得免税、减税
	一般纳税人销售自产机器设备，同时提供安装服务的，应分别核算机器设备和安装服务的销售额

(3) 混合销售行为

混合销售行为是指在实际工作中，一项销售行为常常会既涉及货物销售又涉及提供非增值税应税劳务。

对于混合销售行为，可以分两种情况缴纳增值税：从事货物的生产、批发或者零售的单位和个体工商户的混合销售，按照销售货物缴纳增值税；其他单位和个体工商户的混合销售，视为销售非增值税应税劳务，不缴纳增值税。

(4) 不征收增值税项目

在征税实践中，国家税务机关规定了某些特定的项目不征收增值税，这些项目很容易被误认为需要缴纳增值税。不征收增值税的五个项目如表 3-7 所示。

表 3-7　不征收增值税的五个项目

不征收增值税的五个项目	根据国家指令无偿提供的铁路运输服务、航空运输服务，属于公益事业的服务
	存款利息
	被保险人获得的保险赔付
	房地产主管部门或其指定机构、公积金管理中心、开发企业及物业管理单位代收的住宅专项维修资金
	在资产重组过程中，通过合并、分立、出售、置换等方式，将全部或部分实物资产以及与其相关联的债权、负债和劳动力一并转让给其他单位和个人，其中涉及的不动产、土地使用权转让行为

增值税的征税范围较广，财税人员要时刻牢记本企业应缴纳的增值税项目，避免出现漏税情况。

3.2.3 增值税的税率与征收率

增值税税率是指增值税应税产品的总体税额与销售收入额的比例。增值税的纳税人分为一般纳税人和小规模纳税人，一般纳税人适用相应的税率，而小规模纳税人适用征收率；还有一些特殊项目，国家实行零税率。

1. 一般纳税人的适用税率

一般纳税人的适用税率分为三个档次，分别为13%、9%和6%。其中，13%为基本税率，9%和6%统称为低税率，具体项目的税率如表3-8所示。

表3-8 一般纳税人的适用税率

税率	纳税项目
13%	一般纳税人销售货物、进口货物，以及提供应税劳务、有形动产租赁服务
9%	一般纳税人销售、进口农产品（含粮食）、食用植物油、食用盐、自来水、石油液化气、天然气、煤气、农机、化肥农药、饲料、书报杂志、音像制品、电子出版物等
9%	提供交通运输服务、邮政服务、基础电信服务和建筑服务，转让土地使用权，销售不动产和提供不动产租赁服务
6%	销售（转让）土地使用权之外的其他无形资产，提供增值电信服务、金融服务、生活服务，以及除有形动产租赁服务外的各项现代服务业服务

2. 小规模纳税人的征收率

征收率是指在纳税人因财务会计核算制度不健全，不能提供税法规定的课税对象和计税依据等资料的条件下，由税务机关经调查核定，按与课税对象和计税依据相关的其他数据计算应纳税额的比例。

由于增值额和所得额的核定比较复杂，因此多采用按销售收入额或营业收入额乘以征收率直接计税征收的办法。从理论上说，增值税按销售额直接计算税额的征收率，相当于增值率乘以税率的积数；所得税按销售额或营业额直接计算税额的征收率，相当于增值率乘以税率的积数。

小规模纳税人的征收率不仅适用于小规模纳税人，还适用于允许适用简易计税方法计税的一般纳税人。这里的"简易计税方法"是增值税计税方法中的一种，是指按照销售额和增值税征收率计算税额，且不得抵扣进项税额的计税方法，我们在后文中将做详细介绍。小规模纳税人的征收率如表3-9所示。

表 3-9　小规模纳税人的征收率

征收率	纳税项目
3%	小规模纳税人销售货物或者加工、修理修配劳务，销售应税服务、无形资产
	一般纳税人发生按规定适用或者可以选择适用简易计税方法计税的特定应税行为，但适用5%征收率的除外
3% 减按 2%	小规模纳税人（不含其他个人）以及符合规定情形的一般纳税人销售自己使用过的固定资产
	纳税人销售旧货
3% 减按 0.5%	自2020年5月1日至2023年12月31日，从事二手车经销的纳税人销售其收购的二手车
5%	销售不动产
	符合条件的经营租赁不动产
	转让"营改增"前取得的土地使用权
	房地产开发企业销售、出租自行开发的房地产老项目
	符合条件的不动产融资租赁
	一般纳税人提供的人力资源外包服务
	选择差额纳税的劳务派遣、安全保护服务
5% 减按 1.5%	个人出租住房

3. 零税率

增值税零税率的适用范围主要包括出口货物、境内单位和个人跨境销售国务院规定范围内的服务或无形资产，以及财政部和国家税务总局规定的其他服务，如表3-10所示。

表 3-10　增值税零税率的适用范围

税率	纳税项目	
0%	出口货物	
	境内单位和个人跨境销售国务院规定范围内的服务或无形资产	1.国际运输服务，包括： （1）在境内载运旅客或者货物出境； （2）在境外载运旅客或者货物入境；

续表

税率	纳税项目	
0%	境内单位和个人跨境销售国务院规定范围内的服务或无形资产	（3）在境外载运旅客或者货物。 2. 航天运输服务 3. 向境外单位提供的完全在境外消费的下列服务： （1）研发服务； （2）合同能源管理服务； （3）设计服务； （4）广播影视节目（作品）的制作和发行服务； （5）软件服务； （6）电路设计及测试服务； （7）信息系统服务； （8）业务流程管理服务； （9）离岸服务外包业务[1]； （10）转让技术
	财政部和国家税务总局规定的其他服务	

纳税小课堂

表3-10中的"完全在境外消费"，是指以下三种情况：

（1）服务的实际接受方在境外，并且与境内的货物和不动产无关；

（2）无形资产完全在境外使用，并且与境内的货物和不动产无关；

（3）财政部和国家税务总局规定的其他情形。

增值税的税率颇为复杂，在实际工作中，财税人员要从本企业的实际情况出发，选择适用的税率计算应缴纳的增值税。

---

[1] 离岸服务外包业务，包括信息技术外包服务（ITO）、技术性业务流程外包服务（BPO）、技术性知识流程外包服务（KPO），其所涉及的具体业务活动，按照《销售服务、无形资产、不动产注释》相对应的业务活动执行。

实操笔记

【想一想】假设你是一名企业的财税人员,回顾一下本企业适用的增值税税率。

_____

_____

_____

3.3 增值税的计税方法

近日，××大学会计专业的大一新生正在学习增值税的计税方法。在课堂上，老师讲道："增值税的计税方法，包括一般计税方法、简易计税方法和扣缴计税方法。"小明听得非常认真，增值税的计税方法虽然比较复杂，但应用非常广泛，使用频率很高，小明下决心要将其学好。

作为企业的财税人员，如果不了解增值税的计税方法，那么无疑是不合格的。本节我们将详细介绍如何使用上文提到的三种计税方法计算增值税的应纳税额。

3.3.1 一般计税方法

一般纳税人发生应税行为适用一般计税方法计税，其计算公式为：
当期应纳增值税税额＝当期销项税额－当期进项税额
下面我们将这个公式进行简要分析，如图3-1所示。

```
当期应纳增值税税额 ＝ 当期销项税额 － 当期进项税额
        │              │            ┌──────┴──────┐
        ▼              ▼            ▼             ▼
应纳税额＞0时，交税   销售额×税率    准予抵扣       不予抵扣
应纳税额＜0时，留抵
```

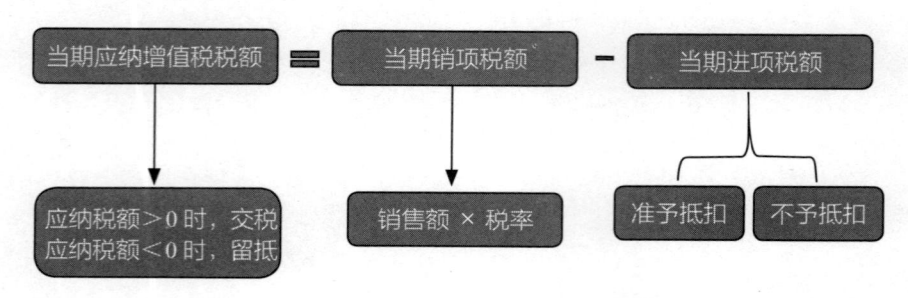

图3-1 一般计税方法公式简要分析

从图3-1中可以看出，要想得出当期应纳增值税税额，就要明确当期销项税额和当期进项税额的数值。

1. 销项税额

销项税额有其特定的计算公式，即：

销项税额 = 销售额 × 税率

其中，销售额的确定分为三种情况，即一般销售方式下的销售额、特殊销售方式下的销售额和含税销售额的换算。

（1）一般销售方式下的销售额

一般销售方式下的销售额是指纳税人发生应税销售行为时向购买方收取的全部价款和价外费用，但不包括向购买方收取的销项税额。

其中，价外费用是指销售方向购买方收取的手续费、补贴、基金、集资费、返还利润、奖励费、违约金、包装费、包装物租金、储备费、优质费、运输装卸费、代收款项、代垫款项及其他各种性质的价外收费。

销售额不包括以下项目：

▶受托加工应征消费税的消费品所代收代缴的消费税；

▶以委托方名义开具发票代委托方收取的款项；

▶代为收取并符合规定的政府性基金或者行政事业性收费；

▶销售货物的同时代办保险等向购买方收取的保险费用，以及向购买方收取的代购买方缴纳的车辆购置税、车辆牌照费。

（2）特殊销售方式下的销售额

在日常销售行为中，特殊的销售行为比较常见，主要包括采取折扣方式销售、采取以旧换新方式销售、采取以物易物方式销售、采取还本销售方式销售等。这四种特殊销售方式的销售额确认方法，如表 3-11 所示。

表 3-11 四种特殊销售方式的销售额确认方法

特殊销售行为类型	销售额确认方法
采取折扣方式销售	（1）纳税人发生应税销售行为，如将价款和折扣额在同一张发票上的"金额"栏分别注明的，可按照折扣后的销售额征收增值税； （2）未在同一张发票上的"金额"栏注明折扣额，而仅在发票的"备注"栏注明折扣额的，折扣额不得从销售额中减除； （3）未在同一张发票上分别注明的，以价款为销售额，不得扣减折扣额
采取以旧换新方式销售	按新货物的同期销售价格确定销售额，不得扣减旧货物的收购价格

续表

特殊销售行为类型	销售额确认方法
采取以物易物方式销售	（1）双方均做购销处理。以物易物双方都应做购销处理，以各自发出的货物核算销售额并计算销项税额，以各自收到的货物按规定核算购货额并计算进项税额； （2）合法票据是进项税额抵扣的依据。在以物易物活动中，应分别开具合法的票据，如果收到货物不能取得相应的增值税专用发票或其他合法票据，则不能抵扣进项税额
采取还本销售方式销售	采取还本销售货物方式销售货物，其销售额就是货物的销售价格，不得从销售额中减除还本支出

（3）含税销售额的换算

增值税是一种避免重复征税的税种，小规模纳税人销售货物、应税劳务、服务时一般采用销售额和应纳税额合并定价的方法，一般纳税人也有可能采用合并定价的方法。如果不将含税销售额换算为不含税销售额而直接计税，就会造成计税环节上的重复纳税现象。

因此，应将含税销售额换算为不含税销售额后，再计算增值税税额，其换算公式为：

不含税销售额 = 含税销售额 /（1+ 增值税税率或征收率）

纳税小课堂

房地产开发企业中的一般纳税人销售自行开发的房地产项目适用一般计税方法计税，其销售额的计算公式为：

销售额 =（全部价款和价外费用 - 当期允许扣除的土地价款）/（1+9%）

当期允许扣除的土地价款 = 当期销售房地产项目建筑面积 / 房地产项目可供销售建筑面积 × 支付的土地价款

当期销售房地产项目建筑面积，是指当期进行纳税申报销售额对应的建筑面积；房地产项目可供销售建筑面积，是指房地产

> 项目可出售的总建筑面积，不包括销售房地产项目时未单独作价结算的配套公共设施的建筑面积；支付的土地价款，是指向政府、土地管理部门或受政府委托收取土地价款的单位直接支付的土地价款。

2. 进项税额

进项税额是指纳税人购进货物、加工修理修配劳务、服务、无形资产或者不动产，支付或者负担的增值税额。

由于销项税额扣减进项税额后的数字，才是应缴纳的增值税，因此，进项税额的大小直接关系到应纳税额的多少。企业应采用以下公式计算进项税额：

进项税额 =（外购原料、燃料、动力）× 税率

3.3.2 简易计税方法

小规模纳税人发生应税行为适用简易计税方法计税。一般纳税人发生财政部和国家税务总局规定的特定应税行为，可以选择简易计税方法计税，但一经选择，36个月内不得变更。

简易计税方法的应纳税额，是指按照销售额和增值税征收率计算的增值税额，不得抵扣进项税额。简易计税方法的计算公式为：

当期应纳增值税税额 = 当期销售额（不含增值税）× 征收率

值得注意的是，简易计税方法的销售额不包括其应纳税额，纳税人采用销售额和应纳税额合并定价方法的，按照以下公式计算销售额：

销售额 = 含税销售额 /（1+ 征收率）

一般纳税人销售或提供符合规定的特定货物、应税劳务或服务时，可以选择简易计税方法计税，但不得抵扣进项税额，主要情形如表3-12所示。

表 3-12　可以选择简易计税方法的主要情形

序号	主要情形
1	县级及县级以下小型水力发电单位（5 万千瓦以下，含）生产的自产电力
2	自产建筑用和生产建筑材料所用的砂、土、石料
3	以自己采掘的砂、土、石料或其他矿物连续生产的砖、瓦、石灰（不含黏土实心砖、瓦）
4	用微生物（及其代谢物）、动物毒素、人或动物的血液或组织制成的生物制品
5	自产的自来水
6	自来水公司销售自来水
7	自产的商品混凝土（仅限于以水泥为原料生产的水泥混凝土）
8	单采血浆站[1]销售非临床用人体血液
9	寄售商店代销寄售物品（包括居民个人寄售的物品在内）
10	典当业销售死当物品
11	药品经营企业销售生物制品
12	公共交通运输服务
13	电影放映服务、仓储服务、装卸搬运服务、收派服务和文化体育服务
14	经认定的动漫企业为开发动漫产品提供的动漫脚本编撰、形象设计、背景设计、动画设计、分镜、动画制作等服务，以及在境内转让动漫版权
15	以纳入"营改增"试点之日前取得的有形动产为标的物提供的经营租赁服务
16	在纳入"营改增"试点之日前签订的尚未执行完毕的有形动产租赁合同
17	以清包工[2]方式提供的建筑服务
18	为甲供工程[3]提供建筑服务
19	出租 2016 年 4 月 30 日前取得的不动产
20	房地产开发企业销售自行开发的房地产老项目（开工日期在 2016 年 4 月 30 日前）
21	提供非学历教育[4]服务
22	一般纳税人收取试点前开工的一级公路、二级公路、桥、闸通行费
23	一般纳税人提供人力资源外包服务

[1] 单采血浆站是专门从事单采血浆的站点。
[2] 清包工是指业主自行购买所有材料，找装饰公司或装修队伍来施工的一种工程承包方式。
[3] 甲供工程是指全部或部分设备、材料、动力由工程发包方自行采购的建筑工程。
[4] 非学历教育是指各种培训、进修、研修类如培训班、驾校、研究生课程班、考研辅导班等非学历教育项目。

续表

序号	主要情形
24	纳税人转让 2016 年 4 月 30 日前取得的土地使用权
25	一般纳税人 2016 年 4 月 30 日前签订的不动产融资租赁合同，或以 2016 年 4 月 30 日前取得的不动产提供的融资租赁服务
26	一般纳税人提供劳务派遣服务选择差额纳税 [1]
27	一般纳税人销售电梯的同时提供安装服务，其安装服务可以按照甲供工程选择适用简易计税方法计税

【案例】A 公司为增值税一般纳税人，将于近期销售其在"营改增"前购进的办公楼，销售额为 6 000 万元，当初购进价格为 3 000 万元，采用简易计税方法计税，计算 A 公司应缴纳的增值税。

销售额 =（6 000-3 000）/（1+5%）=2 857.14（万元）

应缴纳的增值税 =2 857.14×5%=142.86（万元）

3.3.3 扣缴计税方法

扣缴计税方法，适用我国境外单位或个人在境内提供应税劳务，但在境内未设有经营机构或代理人的企业，其计算公式为：

应扣缴增值税 = 接受方支付的价款 /（1+ 税率）× 税率

【案例】某境内企业从 B 国购入专利技术使用权，支付含税转让价款 1 000 万美元（汇率 1：6.5），计算应扣缴的增值税。

其中，转让技术属于转让无形资产，适用 6% 的税率，向境外支付技术费，转让价款为 6 500 万元人民币。

应扣缴增值税 =6 500/（1+6%）×6%=367.92（万元）

---

[1] 差额纳税是原来营业税的政策规定，即纳税人以取得的全部价款和价外费用扣除支付给其他纳税人的规定项目价款后的销售额来计算税款的计税方法。

实操笔记

【多选题】增值税一般纳税人销售自产的下列货物中,可选择按照简易办法计算缴纳增值税的有（　）。

A. 生产建筑材料所用的砂土

B. 以水泥为原材料生产的水泥混凝土

C. 用微生物制成的生物制品

D. 县级以下小型火力发电单位生产的电力

答案：ABC

3.4 增值税的纳税期限、地点及申报

老张新开了一家汽车修理店，成为一名个体工商户。由于老张没有聘请专业的财税人员，所以需要自己去申报纳税。但作为一名非专业人员，老张对于申报纳税和缴纳税款毫无头绪，不知该从何下手。

像老张这样的人还有很多。为了帮助他们更好地了解增值税的纳税期限、地点及申报，我们将在本节进行详细介绍。

3.4.1 增值税的纳税期限

纳税期限是指纳税人发生纳税义务后向国家缴纳税款的时间限度。规定纳税期限既有利于国家税收收入的均衡稳定，也有利于纳税人的资金调度和经费核算。

增值税的纳税期限分别为1日、3日、5日、10日、15日、1个月或者1个季度。纳税人的具体纳税期限，由主管税务机关根据纳税人应纳税额的大小分别核定。以1个季度为纳税期限的规定，适用于小规模纳税人及财政部和国家税务总局规定的其他纳税人；不能按照固定期限纳税的，可以按次纳税。小规模纳税人的具体纳税期限，由主管税务机关根据其应纳税额的大小分别核定。

纳税人以1个月或者1个季度为一个纳税期的，自期满之日起15日内申报纳税；以1日、3日、5日、10日或者15日为一个纳税期的，自期满之日起5日内预缴税款，于次月1日起15日内申报纳税并结清上月应纳税款。

扣缴义务人解缴税款的期限，依照上述规定执行。

纳税人进口货物，应当自海关填发海关进口增值税专用缴款书之日起15日内缴纳税款。

纳税人出口货物和服务适用退（免）税规定的，应当向海关办理出口手续，凭出口报关单等有关凭证，在规定的出口退（免）税申报期内按月向主管税务机关申报办理该项出口货物和服务的退（免）税。

出口货物和服务办理退税后发生退货或者退关的，纳税人应当依法补缴已退的税款。

3.4.2 增值税的纳税地点

增值税的纳税地点既关系到是否方便征纳，又关系到是否有利于处理地区与地区之间的财政分配关系。因此，纳税地点的确定必须科学、合理。纳税人申报纳税的地点具体分为以下几种情况：

（1）固定业户应当向其机构所在地或者居住地主管税务机关申报纳税。总机构和分支机构不在同一县（市）的，应当分别向各自所在地的主管税务机关申报纳税；经财政部和国家税务总局或者其授权的财政和税务机关批准，可以由总机构汇总向总机构所在地的主管税务机关申报纳税。

（2）固定业户到外县（市）销售货物或者应税劳务，应当向其机构所在地的主管税务机关申请开具外出经营活动税收管理证明，并向其机构所在地的主管税务机关申报纳税；未开具证明的，应当向销售地或者劳务发生地的主管税务机关申报纳税；未向销售地或者劳务发生地的主管税务机关申报纳税的，由其机构所在地的主管税务机关补征税款。

（3）非固定业户销售货物、应税劳务或者应税服务，应当向销售地、劳务发生地或者应税服务发生地主管税务机关申报纳税；未申报纳税的，由其机构所在地或者居住地主管税务机关补征税款。

（4）进口货物，应当向报关地海关申报纳税。

（5）扣缴义务人应当向其机构所在地或者居住地主管税务机关申报缴纳扣缴的税款。

3.4.3 增值税的纳税申报

由于增值税纳税人分为一般纳税人和小规模纳税人，所以在申报纳税时，它们需要准备的材料有所不同。

1. 一般纳税人的纳税申报材料

一般纳税人在准备纳税申报材料时，必备的材料为《增值税纳税申报表（一般纳税人适用）》及其附列资料2份。

当纳税人出现以下情形时，还应提供的材料：

2015年4月1日起使用增值税发票系统升级版的，按照有关规定不使用网络办税或不具备网络条件的特定纳税人,需要提供金税盘或税控盘。

中国铁路总公司的铁路建设基金增值税纳税申报,需要提供《铁路建设基金纳税申报表》1份。

海关回函结果为"有一致的入库信息"的海关缴款书时,需要提供《海关缴款书核查结果通知书》1份。

辅导期的一般纳税人,需要提供《稽核结果比对通知书》1份。

各类汇总纳税企业,需要提供《分支机构增值税汇总纳税信息传递单》1份。

采用预缴方式缴纳增值税的发、供电企业,需要提供《电力企业增值税销项税额和进项税额传递单》1份。

增值税一般纳税人发生代扣代缴事项时,需要提供《代扣代缴税收通用缴款书抵扣清单》1份。

增值税一般纳税人在资产重组过程中,将全部资产、负债和劳动力一并转让给其他增值税一般纳税人,原纳税人在办理注销登记前尚未抵扣的进项税额可结转至新纳税人处继续抵扣时,需要提供《增值税一般纳税人资产重组进项留抵税额转移单》1份。

纳税人取得的符合抵扣条件且在本期申报抵扣的相关凭证1份,包括增值税专用发票(含税控机动车销售统一发票)的抵扣联;海关进口增值税专用缴款书、购进农产品取得的普通发票的复印件;税收完税凭证及其清单,书面合同、付款证明和境外单位的对账单或发票;已开具的农产品收购凭证的存根联或报查联。

纳税人销售服务、不动产和无形资产,在确定服务、不动产和无形资产销售时,按照有关规定从取得的全部价款和价外费用中扣除价款时,需要提供符合法律、行政法规和国家税务总局规定的有效凭证及清单1份,主要包括支付给境内单位或个人的款项,以发票为合法有效凭证;支付给境外单位或者个人的款项,以该单位或者个人的签收单据为合法有效凭证,税务机关对签收单据有疑义的,可以要求其提供境外公证机构的确认证明;缴纳的税款,以完税凭证为合法有效凭证;扣除的政府性基金、行政事业性收费或者向政府支付的土地价款,以省级以上(含省级)财政部门监(印)制的财政票据为合法有效凭证;国家税务总局规定的其他凭证。

部分行业实行农产品增值税进项税额核定扣除办法的一般纳税人,需要提供《农产品核定扣除增值税进项税额计算表(汇总表)》《投入产出法核定农产品增值税进项税额计算表》《成本法核定农产品增值税进项税额计算表》《购进农产品直接销售核定农产品增值税进项税额计算表》《购进农产品用于生产经营且不构成货物实体核定农产品增值税进项税额计算表》各1份。

省（自治区、直辖市和计划单列市）税务机关规定的其他资料1份。

2.小规模纳税人的纳税申报材料

小规模纳税人在准备纳税申报材料时，必备的材料为《增值税纳税申报表（小规模纳税人适用）》及其附列资料2份。

当纳税人出现以下情形时，还应提供的材料：

机动车经销企业的纳税人，需要提供已开具发票的存根联1份；

2015年4月1日起使用增值税发票系统升级版的，按照有关规定不使用网络办税或不具备网络条件的纳税人，需要提供金税盘或税控盘；

实行预缴方式缴纳增值税的电力产品增值税纳税人，需要提供《电力企业增值税销项税额和进项税额传递单》1份。

由于增值税纳税人分为一般纳税人和小规模纳税人两类，所以增值税纳税申报表也分为一般纳税人适用和小规模纳税人适用两种版本，如表3-13、表3-14所示。

表3-13　增值税纳税申报表（一般纳税人适用）

根据国家税收法律法规及增值税相关规定制定本表。纳税人不论有无销售额，均应按税务机关核定的纳税期限填写本表，并向当地税务机关申报。

税款所属时间：自　　年　月　日至　　年　月　日　　　　　　填表日期：　年　月　日

金额单位：元至角分

纳税人识别号							所属行业：		
纳税人名称	（公章）	法定代表人姓名		注册地址			生产经营地址		
开户银行及账号				登记注册类型			电话号码		
项目			栏次	一般项目		即征即退项目			
				本月数	本年累计	本月数	本年累计		
销售额	（一）按适用税率计税销售额		1						
	其中：应税货物销售额		2						
	应税劳务销售额		3						
	纳税检查调整的销售额		4						
	（二）按简易办法计税销售额		5						

续表

	项目	栏次	一般项目 本月数	一般项目 本年累计	即征即退项目 本月数	即征即退项目 本年累计
销售额	其中：纳税检查调整的销售额	6				
销售额	（三）免、抵、退办法出口销售额	7			—	—
销售额	（四）免税销售额	8			—	—
销售额	其中：免税货物销售额	9			—	—
销售额	免税劳务销售额	10			—	—
税款计算	销项税额	11				
税款计算	进项税额	12				
税款计算	上期留抵税额	13				—
税款计算	进项税额转出	14				
税款计算	免、抵、退应退税额	15				
税款计算	按适用税率计算的纳税检查应补缴税额	16				
税款计算	应抵扣税额合计	17=12+13-14-15+16			—	—
税款计算	实际抵扣税额	18（如17＜11，则为17，否则为11）				
税款计算	应纳税额	19=11-18				
税款计算	期末留抵税额	20=17-18				—
税款计算	简易计税办法计算的应纳税额	21				
税款计算	按简易计税办法计算的纳税检查应补缴税额	22			—	—
税款计算	应纳税额减征额	23				
税款计算	应纳税额合计	24=19+21-23				
税款缴纳	期初未缴税额（多缴为负数）	25				
税款缴纳	实收出口开具专用缴款书退税额	26			—	—
税款缴纳	本期已缴税额	27=28+29+30+31				
税款缴纳	①分次预缴税额	28		—		—
税款缴纳	②出口开具专用缴款书预缴税额	29				
税款缴纳	③本期缴纳上期应纳税额	30				
税款缴纳	④本期缴纳欠缴税额	31				

续表

项目		栏次	一般项目		即征即退项目	
			本月数	本年累计	本月数	本年累计
税款缴纳	期末未缴税额（多缴为负数）	32=24+25+26-27				
	其中：欠缴税额（≥0）	33=25+26-27			—	—
	本期应补（退）税额	34=24-28-29				
	即征即退实际退税额	35	—	—		
	期初未缴查补税额	36			—	—
	本期入库查补税额	37				
	期末未缴查补税额	38=16+22+36-37				
授权声明	如果你已委托代理人申报，请填写下列资料： 为代理一切税务事宜，现授权 （地址） 为本纳税人的代理申报人，任何与本申报表有关的往来文件，都可寄予此人。		申报人声明	本纳税申报表是根据国家税收法律法规及相关规定填报的，我确定它是真实的、可靠的、完整的。		
	授权人签字：			声明人签字：		
主管税务机关：		接收人：		接收日期：		
						国家税务总局监制

表3-14　增值税纳税申报表（小规模纳税人适用）

纳税人识别号：□□□□□□□□□□□□□□□□□□□□

纳税人名称（公章）：　　　　　　　　　　　　　　金额单位：元至角分

税款所属期：　　年　月　日至　　年　月　日　　　填表日期：　　年　月　日

项目		栏次	本期数		本年累计	
			货物及劳务	服务、不动产和无形资产	货物及劳务	服务、不动产和无形资产
一、计税依据	（一）应征增值税不含税销售额（3%征收率）	1				
	税务机关代开的增值税专用发票不含税销售额	2				
	税控器具开具的普通发票不含税销售额	3				
	（二）应征增值税不含税销售额（5%征收率）	4	—			

续表

<table>
<tr><th rowspan="2">项目</th><th rowspan="2">栏次</th><th colspan="2">本期数</th><th colspan="2">本年累计</th></tr>
<tr><th>货物及劳务</th><th>服务、不动产和无形资产</th><th>货物及劳务</th><th>服务、不动产和无形资产</th></tr>
<tr><td rowspan="11">一、计税依据</td><td>税务机关代开的增值税专用发票不含税销售额</td><td>5</td><td></td><td>—</td><td></td><td>—</td></tr>
<tr><td>税控器具开具的普通发票不含税销售额</td><td>6</td><td></td><td></td><td></td><td></td></tr>
<tr><td>（三）销售使用过的固定资产不含税销售额</td><td>7（7≥8）</td><td></td><td>—</td><td></td><td>—</td></tr>
<tr><td>其中：税控器具开具的普通发票不含税销售额</td><td>8</td><td></td><td>—</td><td></td><td>—</td></tr>
<tr><td>（四）免税销售额</td><td>9=10+11+12</td><td></td><td></td><td></td><td></td></tr>
<tr><td>其中：小微企业免税销售额</td><td>10</td><td></td><td></td><td></td><td></td></tr>
<tr><td>未达起征点销售额</td><td>11</td><td></td><td></td><td></td><td></td></tr>
<tr><td>其他免税销售额</td><td>12</td><td></td><td></td><td></td><td></td></tr>
<tr><td>（五）出口免税销售额</td><td>13（13≥14）</td><td></td><td></td><td></td><td></td></tr>
<tr><td>其中：税控器具开具的普通发票销售额</td><td>14</td><td></td><td></td><td></td><td></td></tr>
<tr><td colspan="6"></td></tr>
<tr><td rowspan="8">二、税款计算</td><td>本期应纳税额</td><td>15</td><td></td><td></td><td></td><td></td></tr>
<tr><td>本期应纳税额减征额</td><td>16</td><td></td><td></td><td></td><td></td></tr>
<tr><td>本期免税额</td><td>17</td><td></td><td></td><td></td><td></td></tr>
<tr><td>其中：小微企业免税额</td><td>18</td><td></td><td></td><td></td><td></td></tr>
<tr><td>未达起征点免税额</td><td>19</td><td></td><td></td><td></td><td></td></tr>
<tr><td>应纳税额合计</td><td>20=15-16</td><td></td><td></td><td></td><td></td></tr>
<tr><td>本期预缴税额</td><td>21</td><td></td><td></td><td>—</td><td>—</td></tr>
<tr><td>本期应补（退）税额</td><td>22=20-21</td><td></td><td></td><td>—</td><td>—</td></tr>
</table>

纳税人或代理人声明：	如纳税人填报，由纳税人填写以下各栏：		
本纳税申报表是根据国家税收法律法规及相关规定填报的，我确定它是真实的、可靠的、完整的。	办税员：	财务负责人：	
^	法定代表人：	联系电话：	
^	如委托代理人填报，由代理人填写以下各栏：		
^	代理人名称（公章）：	经办人：	
^	^	联系电话：	
主管税务机关：	接收人：	接收日期：	

国家税务总局监制

实操笔记

【单选题】以下（　）是一般纳税人缴纳增值税时需要准备的材料。

A.《代扣代缴税收通用缴款书抵扣清单》

B.《电力企业增值税销项税额和进项税额传递单》

C.《增值税纳税申报表（一般纳税人适用）》及其附列资料

D.《海关缴款书核查结果通知书》

答案：C

第 4 章

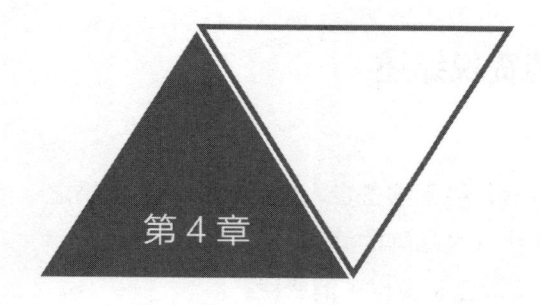

消费税：调节结构，引导方向

企业在生产过程中必然会产生消费行为，这些消费行为所消耗的商品，都需要缴纳相应的消费税。有些商品需要缴纳的消费税高，有些商品需要缴纳的消费税低，了解不同商品的消费税，对于企业选择功能可替代但税费更低的商品具有重要意义。

4.1 消费税综述

小刘和小冯在经历了四年爱情长跑后,终于准备步入婚姻的殿堂。结婚之前,小刘给未来的岳父、岳母准备了礼物(×品牌的酒和×品牌的化妆品)。事实上,在购买这些商品的过程中,小刘就已经支付了消费税。

4.1.1 什么是消费税

消费税是指对特定消费品和消费行为按消费流转额征收的一种商品税。具体来说,是指对在我国境内从事生产、委托加工及进口应税消费品的单位和个人,就其消费品的销售额或销售数量或销售额与销售数量相结合征收的一种流转税。

消费税以消费品为课税对象,税收随价格转嫁给消费者负担,最终消费者是间接纳税人,即实际负税人。消费税的征收具有较强的选择性,是国家贯彻消费政策、引导消费结构进而引导产业结构的重要手段,在保证国家财政收入、体现国家经济政策等方面具有十分重要的意义。

4.1.2 消费税的特点

了解消费税的特点,能够帮助企业财税人员加深对消费税的理解,形成更稳固的消费税知识系统。消费税的特点包含以下五点。

1. 征税范围具有选择性

我国目前仅对部分消费品征收消费税,而不是对所有消费品征收消费税。我国消费税目前有以下税目:烟、酒、高档化妆品、贵重首饰及珠宝玉石、鞭炮、焰火、成品油、小汽车、摩托车、高尔夫球及球具、高档手表、游艇、木制一次性筷子、实木地板、涂料及电池。国家只对消费税税目税率表上列举的应税消费品征收消费税,没有列举的不征收消费税。

2. 征税环节具有单一性

消费税的最终负担人是消费者。为控制税源、防止税款流失，消费税的纳税环节主要确定在生产环节或进口环节，即应税消费品在生产环节或进口环节征税后，除个别消费品的纳税环节为零售环节外，继续转销该消费品不再征收消费税。但无论在哪个环节征收，都实行单环节征收。

3. 平均税率水平比较高，税负差异大

消费税属于国家运用税收杠杆对某些消费品进行特殊调节的税种。为体现国家经济政策，消费税的平均税率水平一般较高，且不同征税项目的税负差异较大。对需要限制或控制消费的消费品或行业，通常采用加重税负的方式进行引导。

4. 征收方法具有灵活性

消费税在征收方法上，既可以采用对消费品制定单位税额，依照消费品的数量实行从量定额[1]的征收方法，也可以采用对消费品制定比例税率，依照消费品的价格实行从价定率[2]的征收方法。对烟和酒两类消费品采用从量征收和从价征收相结合的方式征收消费税。

5. 税负具有转嫁性

消费税是对消费应税消费品的课税，税负的最终归宿应为消费者。为简化管理，我国消费税直接以应税消费品的生产经营者为纳税人，于销售环节、进口环节或零售环节缴纳税款，并将税款作为商品价格的组成部分向购买者收取，故消费者为消费税的最终负担者。

4.1.3 消费税的税目

征收消费税的消费品共有 15 个税目，有的税目还下设若干子税目，如表 4-1 所示。

---

[1] 从量定额是指以应税销售量乘以单位税额的方法。
[2] 从价定率是指以应税消费品的价格为计税依据，并按一定百分比税率计税的方法。

表 4-1　消费税税目表

税目	子目	说明
从保护身体健康、生态环境等方面出发，不提倡也不宜过度消费的消费品			
烟	甲类卷烟	每标准条（200支）调拨价格[1]在70元（不含增值税）以上（含70元）的卷烟
	乙类卷烟	每标准条（200支）调拨价格在70元（不含增值税）以下的卷烟
	雪茄烟	
	烟丝	
酒	白酒	
	黄酒	除各类黄酒外，还包括酒度超过12度（含12度）的土甜酒[2]
	甲类啤酒	每吨出厂价（含包装物及包装物押金）在3 000元（含3 000元，不含增值税）以上的啤酒
	乙类啤酒	每吨出厂价（含包装物及包装物押金）在3 000元以下的啤酒
	其他酒	除以上三类酒外，酒度在1度以上的各种酒，包括糠麸白酒[3]、其他原料白酒[4]、土甜酒、复制酒[5]、果木酒、汽酒、药酒等
鞭炮、焰火		不包括体育上用的发令纸、鞭炮药引线
非生活必需品中一些高档、奢侈的消费品			
高档化妆品		不包括舞台、戏剧、影视演员化妆用的上妆油、卸妆油、油彩
贵重首饰及珠宝玉石		对出国人员免税商店销售的金银首饰征收消费税
一些特殊的资源性消费品			
成品油	汽油	工业汽油（溶剂汽油）主要作溶剂使用，不属于本征收范围
	柴油	

---

[1] 调拨价格：内部转移价格又称调拨价格，是指企业内各部门之间由于相互提供产品、半成品或劳务而引起的相互结算、相互转账所需要的一种计价标准。
[2] 土甜酒：用糯米、大米、黄米等为原料，经加温、糖化、发酵（通过酒曲发酵），采用压榨酿制的酒度不超过12度的酒。
[3] 糠麸白酒：用各种粮食的糠麸酿制的白酒。
[4] 其他原料白酒：以除高粱、玉米、大米、糯米、大麦、小麦、小米、青稞、白薯（红薯、地瓜）、木薯、马铃薯（土豆）、芋头、山药等各种粮食和薯类以外的原料酿制而成的白酒。
[5] 复制酒：以白酒、黄酒、酒精为酒基，加入果汁、香料、色素、药材、补品、糖、调料等配制或泡制的酒，如各种配制酒、泡制酒、滋补酒等。

续表

税目	子目	说明
成品油	石脑油	
	溶剂油	
	航空煤油	航空煤油暂缓征收消费税
	润滑油	
	燃料油	
小汽车		不包括： 电动汽车； 车身长度≥7米且座位10~23座（含）以下的商用客车； 沙滩车、雪地车、卡丁车、高尔夫车； 用应税车辆的底盘组装、改装、改制的各种货车、特种用车（如急救车、抢修车）等
摩托车		摩托车的最大设计车速不超过50千米/小时，发动机气缸总工作容量不超过50毫升的三轮摩托车不征收消费税
高尔夫球及球具		包括高尔夫球、高尔夫球杆（杆头、杆身和握把）及高尔夫球包（袋）等
高档手表		销售价格（不含增值税）每只在10 000元（含）以上的各类手表
游艇		8米≤长度≤90米的游艇，主要用于水上运动和休闲娱乐等非牟利活动
木制一次性筷子		
实木地板		
电池		对无汞原电池、金属氢化物镍蓄电池（又称"氢镍蓄电池"或"镍氢蓄电池"）、锂原电池、锂离子蓄电池、太阳能电池、燃料电池和全钒液流电池免征消费税
涂料		对施工状态下挥发性有机物含量低于420克/升（含）的涂料免征消费税

4.1.4 消费税的税率

消费税的税率形式有两种，分别是比例税率和定额税率。前文已经为大家介绍了比例税率的含义，此处不再赘述。定额税率也称为固定税额，是指按征税对象的数量单位直接规定的征税数额。它是税率的一种特殊形式，一般适用于从量征收的税种。

1. 比例税率

比例税率适用于大多数应税消费品，具体包括以下 14 种。

（1）烟类

烟类中的卷烟分为甲类卷烟和乙类卷烟，甲类卷烟在生产（进口）环节的税率为 56% 加 0.003 元/支，在批发环节税率为 11% 加 0.005 元/支；乙类卷烟在生产（进口）环节的税率为 36% 加 0.003 元/支，在批发环节税率为 11% 加 0.005 元/支。

烟类中的雪茄烟在生产（进口）环节的税率为 36%；烟丝在生产（进口）环节的税率为 30%。

（2）酒类中的白酒和其他酒

酒类中的白酒在生产（进口）环节的税率为 20% 加 0.5 元/500 克（或 500 毫升）；其他酒在生产（进口）环节的税率为 10%。

（3）高档化妆品

高档化妆品在生产（进口）环节的税率为 15%。

（4）贵重首饰及珠宝玉石

金银首饰、铂金首饰和钻石及钻石饰品在零售环节的税率为 5%；其他贵重首饰和珠宝玉石在生产（进口）环节的税率为 10%。

（5）鞭炮、焰火

鞭炮、焰火在生产（进口）环节的税率为 15%。

（6）摩托车

气缸容量在 250 毫升的摩托车在生产（进口）环节的税率为 3%；气缸容量在 250 毫升（不含）以上的摩托车在生产（进口）环节的税率为 10%。

（7）小汽车

小汽车中的乘用车的气缸容量（排气量）不同，税率也不同。气缸容量≤1.0 升，在生产（进口）环节的税率为 1%；1.0 升＜气缸容量≤1.5 升，在生产（进口）环节的税率为 3%；1.5 升＜气缸容量≤2.0 升，在生产（进口）环节的税率为 5%；2.0 升＜气缸容量≤2.5 升，在生产（进口）环节的税率为 9%；2.5 升＜气缸容量≤3.0 升，在生产（进口）环节的税率为 12%；3.0 升＜气缸容量≤4.0 升，在生产（进口）环节的税率为 25%；气缸容量＞4.0 升，在生产（进口）环节的税率为 40%。

小汽车中的中轻型商用客车在生产（出口）环节的税率为 5%。

小汽车中的超豪华小汽车指征收范围为每辆零售价格 130 万元（不含增值税）及以上的乘用车和中轻型商用客车，即乘用车和中轻型商用客车子税目中的超豪华小汽车。对超豪华小汽车，在生产（进口）环节按现行税率征收消费税基础上，在零售环节加征消费税，税率为 10%。

（8）高尔夫球及球具

高尔夫球及球具在生产（进口）环节的税率为 10%。

（9）高档手表

高档手表在生产（进口）环节的税率为 20%。

（10）游艇

游艇在生产（进口）环节的税率为 10%。

（11）木制一次性筷子

木制一次性筷子在生产（进口）环节的税率为 5%。

（12）实木地板

实木地板在生产（进口）环节的税率为 5%。

（13）电池

电池在生产（进口）环节的税率为 4%。

（14）涂料

涂料在生产（进口）环节的税率为 4%。

2．定额税率

定额税率只适用于三种液体应税消费品，即啤酒、黄酒、成品油。

黄酒的单位税额为 240 元/吨；

甲类啤酒的单位税额为 250 元/吨，乙类啤酒的单位税额为 220 元/吨；

成品油全部子目分别按每升规定的定额税率征收。其中：汽油、石脑油、溶剂油、润滑油的单位税额为 1.52 元/升；柴油、航空煤油、燃料油的单位税额为 1.2 元/升。

实操笔记

【想一想】金银首饰应按照多少税率征收消费税？（　　）

答案：5%

♻ 4.2　消费税的纳税人和征税环节

生产应税消费品的×企业的财税人员小郭在处理企业财税账目时，由于不知道所属企业是否为消费税的纳税人，所以在账目上漏掉了这一重要项目。针对这一情况的发生，该企业财务部对小郭进行了消费税的纳税人和征税环节的相关培训。

4.2.1　消费税的纳税人

征收消费税的第一步，是确定消费税的纳税人。在消费税的征收环节中，纳税义务人为在中华人民共和国境内[1]生产、委托加工和进口应税消费品的单位[2]和个人[3]，以及国务院确定的销售《中华人民共和国消费税暂行条例》（以下简称《消费税暂行条例》）中规定的应税消费品的其他单位和个人。

具体来说，消费税的纳税人有以下四种类型：

（1）生产应税消费品的单位和个人，以生产并销售应税消费品的单位和个人为纳税人。

生产应税消费品的各类企业、单位和个人，对用于销售的应税消费品，在销售成立时以销售额或销售数量为计税依据缴纳消费税。

（2）自产自用应税消费品的单位和个人，以生产并自用应税消费品的单位和个人为纳税人。

纳税人自产自用的应税消费品用于其他方面的，即纳税人用于生产非应税消费品和在建工程、管理部门、非生产机构、提供劳务，以及用于馈赠、赞助、广告、样品、职工福利、奖励等，均视同对外销售，需确定销售额(也包括销售数量)，并按规定缴纳消费税。

（3）委托加工应税消费品的单位，以受托单位为代收代缴义务人。委托个

---

[1] 在中华人民共和国境内：生产、委托加工和进口属于应当征收消费税的消费品的起运地或所在地在境内。
[2] 单位：企业和行政单位、事业单位、军事单位、社会团体及其他单位。
[3] 个人：个体经营者及其他个人。

人（含个体工商户）加工的应税消费品，由委托方收回后缴纳消费税。

需要注意的是，委托方将收回的应税消费品以不高于受托方的计税价格出售的，为直接出售，不再缴纳消费税；以高于受托方的计税价格出售的，不属于直接出售，须按规定申报缴纳消费税。如果用于生产应税消费品，已税消费品已经缴纳的消费税可以按实际领用数从应税消费品的消费税额中扣除。

（4）进口应税消费品的单位和个人，以进口应税消费品的报关单位和个人为纳税人。

进口应税消费品，由收货人或其代理人在进口环节以组成计税价格和进口数量为计税依据计算缴纳消费税。

4.2.2 消费税的征税环节

根据消费品的生产销售过程，我们可以归纳出消费税征税的五大环节。

1. 生产环节

生产应税消费品销售是消费税征收的主要环节。生产应税消费品除直接对外销售应征收消费税外，纳税人将生产的应税消费品换取生产资料、消费资料、投资入股、偿还债务，以及用于继续生产应税消费品以外的其他方面都应缴纳消费税。

2. 委托加工环节

委托加工应税消费品是指委托方提供原料和主要材料，受托方只收取加工费和代垫部分辅助材料加工的应税消费品。由受托方提供原材料或其他情形的，一律不能视为委托加工应税消费品。委托加工的应税消费品收回后，再继续用于生产应税消费品销售的，其委托加工环节缴纳的消费税税款可以扣除。

3. 进口环节

属于消费税征税范围的单位和个人进口货物，在进口环节要缴纳消费税。为减少征税成本，进口环节缴纳的消费税由海关代征。

4. 零售环节

经国务院批准，自1995年1月1日起，金银首饰消费税由生产销售环节征收改为零售环节征收。改在零售环节征收消费税的金银首饰仅限于金银和金基、银基合金首饰,以及金、银和金基、银基合金的镶嵌首饰。自 2002 年 1 月 1 日起,钻石及钻石饰品消费税,由生产环节、进口环节后移至零售环节征收。自 2003 年 5 月 1 日起,铂金首饰消费税由生产环节、进口环节征收改为零售环节征收。

5. 卷烟批发环节

自 2009 年 5 月 1 日起,卷烟在批发环节加征一道从价税,这可以在一定程度上抑制其消费。自 2015 年 5 月 10 日起,卷烟批发环节从价税税率由 5% 提高至 11%,并按 0.005 元 / 支加征从量税。

纳税人兼营卷烟批发和零售业务的,应分别核算批发和零售环节的销售额、销售数量;未分别核算批发和零售环节销售额、销售数量的,按全部销售额、销售数量计征批发环节消费税。卷烟消费税在生产和批发两个环节征收后,批发企业在计算纳税时不得扣除已含的生产环节的消费税税款。

实操笔记

【判断题】进口应税消费品的单位和个人,以进口应税消费品的报关单位和个人为纳税人。( )

答案:对

4.3 消费税的计税依据和方法

小夏是一位购物爱好者,她发现国外免税店与国内商城专柜的价格有着很大的不同。出于好奇,小夏从相关书籍中得知,当商品在流通时,消费者须缴纳除关税、增值税以外的消费税,由于消费税税率较高,所以国内价格与国外价格差异较大。小夏在了解消费税计税依据和方法后调整了自己的消费行为,以避免无意义的消费。

4.3.1 消费税的计税依据

消费税的计税依据分别采用从价、从量和复合三种计税方法。实行从价定率办法征税的应税消费品,计税依据为应税消费品的销售额。实行从量定额办法计税时,通常以每单位应税消费品的重量、容积或数量为计税依据。实行复合计税办法征税时,通常以应税消费品的销售额和每单位应税消费品的重量、容积或数量作为计税依据。

消费税的一般纳税环节是生产或进口环节,但也有特例,如卷烟会在批发环节分别加增11%和0.005元/支的消费税;金银首饰、铂金首饰和钻石及钻石饰品在零售环节会加增5%的消费税;超豪华小汽车在零售环节会加增10%的消费税等。

4.3.2 消费税的计税方法

消费税的计税方法包括从价计税、从量计税、复合计税、自产自用消费品计税、委托加工应税消费品计税、零售金银首饰计税六种。

1. 从价计税时

从价计税时应纳税额 = 应税消费品销售额 × 适用税率

(1) 销售额的确定

销售额是纳税人销售应税消费品向购买方收取的全部价款和价外费用,包括消费税但不包括增值税。

价外费用是指价外收取的基金、集资费、返还利润、补贴、违约金（延期付款利息）和手续费、包装费、包装物租金、储备费、优质费、运输装卸费、代收款项、代垫款项及其他各种性质的价外收费。但下列项目不包括在内：向购买方收取的销项税额、受托加工应征消费税的消费品所代收代缴的消费税、纳税人将承运部门开具给购货方发票交给购货方的代垫运费、符合条件的代为收取的政府性基金或行政事业收费。

（2）含增值税销售额的换算

计算消费税的价格中如含有增值税税额，应先换算为不含增值税的销售额，其换算公式为：

应税消费品的销售额＝含增值税的销售额（以及价外费用）/（1+增值税税率或征收率）

【案例】一位客户向A汽车制造厂（增值税一般纳税人）订购自用汽车一辆，支付货款（含税）510 000元，另付设计费、改装费55 000元。请计算该辆汽车应计征消费税的销售额。

计征消费税的销售额＝（510 000+55 000）/1.13=500 000（元）

2. 从量计税时

从量计税时应纳税额＝应税消费品的销售数量×定额税率

应税消费品销售数量的确定包括以下四个方面：

（1）委托加工应税消费品的，为纳税人收回应税消费品的数量；

（2）自产自用应税消费品的，为应税消费品移送使用的数量；

（3）销售应税消费品的，为应税消费品的销售数量；

（4）进口应税消费品的，为海关核定的应税消费品的进口数量。

【案例】某啤酒厂销售A型啤酒20吨给副食品公司，开具的增值税专用发票上注明价款58 000元，收取包装物押金3 000元；销售B型啤酒10吨给宾馆，开具的增值税普通发票上注明价款32 760元，收取包装物押金150元。请计算该啤酒厂应缴纳的消费税。

A型啤酒：(58 000+3 000/1.13)/20=3 032.74＞3 000，单位税额为250元/吨。

B型啤酒：(32 760+150)/1.13/10=2 912.39＜3 000，单位税额为220元/吨。

应纳消费税＝250×20+220×10=7 500（元）

3. 复合计税时

从价计税和从量计税相结合的方法被称为复合计税。

复合计税时应纳税额＝应税消费品销售额或组成计税价格×适用税率＋应税消费品销售数量×适用税额标准

【案例】某酒厂本次向某商场提供白酒 100 瓶，每瓶容量为 500 毫升，每瓶价格为 200 元；提供黄酒 3 吨，价格为 80 000 元；提供红酒 1 吨，价格为 90 000 元。请计算该酒厂应缴纳的消费税。

白酒：200×100×20%+100×0.5=450（元）。

黄酒：3×240=720（元）。

红酒：90 000×10%=900（元）。

应纳消费税 =450+720+900=2 070（元）

4. 自产自用消费品计税时

自产自用应税消费品用于连续生产应税消费品的，不纳税。自产自用应税消费品用于其他方面的，有同类消费品销售价格的，按照纳税人生产的同类消费品销售价格计算纳税；没有同类消费品销售价格的，按照组成计税价格计算纳税。

组成计税价格＝（成本＋利润）/（1- 消费税税率）

应纳税额＝组成计税价格×适用税率

【案例】C 化妆品公司将一批自产的化妆品用作职工福利。这批化妆品的成本为 7 650 元，利润率为 5%。请计算 C 化妆品公司应缴纳的消费税。

组成计税价格＝（成本＋利润）/（1- 消费税税率）

＝（7 650+7 650×5%）/（1-15%）

＝9 450（元）

应纳消费税＝9 450×15%

＝1 417.5（元）

5. 委托加工应税消费品计税时

委托加工应税消费品的，由受托方交货时代扣代缴消费税。有同类消费品销售价格的，按照受托方的同类消费品销售价格计算纳税；没有同类消费品销售价格的，按照组成计税价格计算纳税。

组成计税价格＝（材料成本＋加工费）/（1- 消费税税率）

应纳税额＝组成计税价格×适用税率

【案例】B化妆品厂受托加工一批化妆品，委托方提供原材料成本30 000元，该厂收取加工费10 000元、代垫辅助材料款5 000元（该厂没有同类化妆品销售价格）。请计算B化妆品厂应代收代缴的消费税（以上款项均不含增值税）。

应代收代缴的消费税＝（30 000+10 000+5 000）/（1-15%）×15%＝7 941.18（元）

6. 零售金银首饰计税时

零售金银首饰的纳税人在计税时，应先将含增值税的销售额换算为不含增值税的销售额。

金银首饰的应税销售额＝含增值税的销售额/（1+增值税税率或征收率）

对于生产、批发、零售单位用于馈赠、赞助、集资、广告、样品、职工福利、奖励等方面，或者未分别核算销售的，按照组成计税价格计算纳税。

组成计税价格＝购进原价×（1+利润率）/（1-金银首饰消费税税率）

应纳税额＝组成计税价格×金银首饰消费税税率

【案例】某首饰商城为增值税一般纳税人，2020年5月零售金银首饰与镀金首饰组成的套装礼盒，取得收入29.25万元，其中金银首饰收入20万元，镀金首饰收入9.25万元。同年6月，该首饰商城采取"以旧换新"的方式向消费者销售金项链2 000条，新项链每条零售价为0.25万元，旧项链每条作价0.22万元，每条项链取得差价款0.03万元。请计算该首饰商城销售成套礼盒应缴纳的消费税和"以旧换新"销售金项链应缴纳的消费税。

销售成套礼盒应纳消费税＝29.25/（1+13%）×5%＝1.29（万元）

"以旧换新"销售金项链应纳消费税＝2 000×0.03/（1+13%）×5%＝2.65（万元）

> **纳税小课堂**
>
> 从价定率的计税方法。贵重首饰及珠宝玉石、小汽车、高尔夫球及球具、高档手表、游艇、木制一次性筷子都实行从价定率的计税方法。
>
> 从量定额的计税方法。汽油、柴油等成品油及啤酒、黄酒消费品实行从量定额的计税方法。
>
> 从价从量复合计税的方法。卷烟（甲类、乙类）和白酒实行从价定率和从量定额相结合的复合计税办法。

实操笔记

某企业（增值税一般纳税人）2020年3月发生下列业务：

（1）从国外进口一批散装化妆品，关税完税价格为820 000元，已缴纳关税230 000元。

（2）委托某工厂加工A类化妆品，提供原材料价值68 000元，支付加工费2 000元（不含增值税）。该批加工产品已收回（受托方没有A类化妆品同类销售价格）。

（3）销售本企业生产的B类化妆品，取得销售额580 000元（不含增值税）。

（4）该企业在"三八"妇女节，向全体女职工发放B类化妆品，计税价格为8 000元（不含增值税）。

已知化妆品适用的消费税税率为15%。

要求：

（1）计算进口散装化妆品应缴纳的消费税；

（2）计算A类化妆品应缴纳的消费税；

（3）计算B类化妆品应缴纳的消费税。

答案：

（1）进口散装化妆品应纳消费税=（820 000+230 000）/（1-15%）×15%=185 294.12（元）

（2）委托加工A类化妆品应纳消费税=（68 000+2 000）/（1-15%）×15%=12 352.94（元）

（3）B类化妆品应纳消费税=（580 000+8 000）×15%=88 200（元）

4.4 消费税的纳税期限、地点及申报

小王是×企业新来的一名财税人员。×企业有许多消费行为，这些消费行为产生了不少消费税。小王发现，有些消费税是可以节省或者降低的。为此，他向领导列明了一些常见商品的消费税，并建议企业选择消费税更低的商品。这一举措为×企业节省了不少开支。

4.4.1 消费税的纳税期限

消费税的纳税期限分别为 1 日、3 日、5 日、10 日、15 日、1 个月或者 1 个季度。纳税人的具体纳税期限，由主管税务机关根据纳税人应纳税额的大小分别核定；不能按照固定期限纳税的，可以按次纳税。

纳税人以 1 个月或者 1 个季度为一个纳税期的，自期满之日起 15 日内申报纳税；以 1 日、3 日、5 日、10 日或者 15 日为一个纳税期的，自期满之日起 5 日内预缴税款，于次月 1 日起 15 日内申报纳税并结清上月应纳税款。纳税人进口应税消费品，应自海关填发海关进口消费税专用缴款书之日起 15 日内缴纳税款。

4.4.2 消费税的纳税地点

及时缴纳消费税，还须提前明确符合规定的消费税纳税地点。根据应税消费品的实际生产情况与销售方式，消费税的纳税地点有不同的规定，如表 4-2 所示。

表 4-2 消费税的纳税地点

应税消费品类型	消费税纳税地点	备注
由纳税人销售的应税消费品、自产自用应税消费品	于纳税人核算地的主管税务机关申报纳税	国家另有规定的应税消费品，按国家相关规定执行
由纳税人到外县（市）销售或者委托外县（市）代销自产的应税消费品	于应税消费品销售后，向机构所在地或者居住地主管税务机关申报纳税	

续表

应税消费品类型		消费税纳税地点	备注
委托加工的应税消费品	个人加工	由委托方向其机构所在地或者居住地主管税务机关申报纳税	
	非个人加工	由受托方向所在地主管税务机关代收代缴消费税税款	
进口应税消费品		由进口人或者其代理人向报关地海关申报纳税	
办理退税后发生退关，或者国外退货进口时予以免税的出口应税消费品		由报关出口者及时向其机构所在地或者居住地主管税务机关申报补缴已退的消费税税款	

其中，纳税人销售的应税消费品，如果因质量等原因由购买者退回，经机构所在地或者居住地主管税务机关审核批准后，可退还已缴纳的消费税税款。

纳税小课堂

需要注意的是，当纳税人的总机构与分支机构不在同一县（市）时，纳税人应当分别向各自机构所在地的主管税务机关申报纳税（卷烟批发除外）；经财政部、国家税务总局或者其授权的财政、税务机关批准，可由总机构汇总后，向总机构所在地的主管税务机关申报纳税，各分支机构不再纳税。

4.4.3 消费税的纳税申报

在明确缴纳消费税的相关规则及注意事项后，就可以进行消费税的纳税申报工作了。纳税人无论当期有无销售或是否盈利，均应在规定时间内填制消费税纳税申报表，并向主管税务机关进行纳税申报。

消费税纳税申报表包括以下七类：

▶烟类应税消费品消费税纳税申报表；

第4章 消费税：调节结构，引导方向

▸ 酒类应税消费品消费税纳税申报表；
▸ 成品油消费税纳税申报表；
▸ 小汽车消费税纳税申报表；
▸ 电池消费税纳税申报表；
▸ 涂料消费税纳税申报表；
▸ 其他应税消费品消费税纳税申报表。

接下来我们将为大家列举其中两类表格，如表4-3、表4-4所示。

表4-3 酒类应税消费品消费税纳税申报表

税款所属期： 年 月 日至 年 月 日

纳税人名称（公章）：

纳税人识别号：□□□□□□□□□□□□□□□□□□□

填表日期： 年 月 日　　　　　　　　　　　　　金额单位：元（列至角分）

应税消费品名称 \ 项目	适用税率 定额税率	适用税率 比例税率	销售数量	销售额	应纳税额
粮食白酒	0.5元/斤	20%			
薯类白酒	0.5元/斤	20%			
啤酒	250元/吨	—			
啤酒	220元/吨	—			
黄酒	240元/吨	—			
其他酒	—	10%			
合计	—	—	—	—	

本期准予抵减税额：	声明
本期减（免）税额：	此纳税申报表是根据国家税收法律的规定填报的，我确定它是真实的、可靠的、完整的。
期初未缴税额：	经办人（签章）： 财务负责人（签章）： 联系电话：

续表

项目 应税 消费品名称	适用税率		销售数量	销售额	应纳税额
	定额税率	比例税率			
本期缴纳前期应纳税额：			（如果你已委托代理人申报，请填写）		
本期预缴税额：			授权声明 为代理一切税务事宜，现授权_____		
本期应补（退）税额：			（地址）_____为本纳税人的代理申报人，任何与本申报表有关的往来文件，都可寄予此人。		
期末未缴税额：			授权人签章：		
以下由税务机关填写					
受理人（签章）：	受理日期： 年 月 日			受理税务机关（章）：	

国家税务总局监制

表 4-4　其他应税消费品消费税纳税申报表

税款所属期：　年　月　日至　年　月　日

纳税人名称（公章）：

纳税人识别号：□□□□□□□□□□□□□□□

填表日期：　年　月　日　　　　　　　　　　金额单位：元（列至角分）

项目 应税 消费品名称	适用税率	销售数量	销售额	应纳税额
合计	—	—	—	

续表

本期准予抵减税额：	声明
	此纳税申报表是根据国家税收法律的规定填报的，我确定它是真实的、可靠的、完整的。
本期减（免）税额：	
	经办人（签章）：
期初未缴税额：	财务负责人（签章）：
	联系电话：
本期缴纳前期应纳税额：	（如果你已委托代理人申报，请填写）授权声明
本期预缴税额：	为代理一切税务事宜，现授权____（地址）____为本纳税人的代理申报人，
本期应补（退）税额：	任何与本申报表有关的往来文件，都可寄予此人。
期末未缴税额：	授权人签章：
以下由税务机关填写	
受理人（签章）：　　　受理日期：　　年　月　日　　　受理税务机关（章）：	

国家税务总局监制

实操笔记

【想一想】若应税消费品的类型为由纳税人销售的应税消费品、自产自用应税消费品，那么其消费税的纳税地点应在何处？

答案：纳税人核算地的主管税务机关

第 5 章

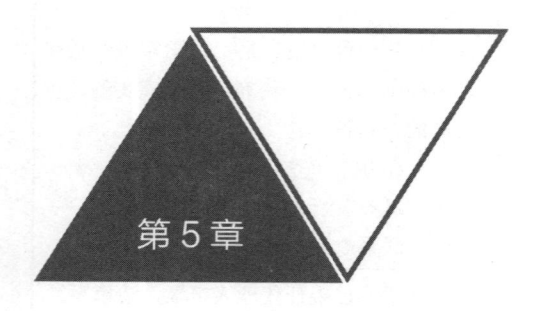

企业所得税：企业经济发展的根本

　　企业所得税是企业必须缴纳的重要税种之一。企业作为能够合理配置社会资源、降低社会交易成本的社会经济组织，在向市场提供商品与服务的同时，也应合理合法地纳税。这是企业义不容辞的社会责任。

5.1 企业所得税综述

一天,刚参加工作的小薇在宿舍内观看电视剧《武林外传》。当剧中的主人公佟掌柜说出"门前的路,河边的桥,边疆的守卫,城门的哨。那可都是从无数的税款里汇聚而来的"这句台词时,一旁的室友欣喜地附和道:"这么说来,公园里新建的那组健身器材,也有我的功劳在里面。"

"我俩可能一起贡献了一颗螺丝钉,"小薇说,"不过,我们的贡献比起无数企业,可就真不算什么了。"

正如小薇所说,企业为国家税收做出了重大贡献,企业所缴纳的企业所得税为基础设施建设、社会的发展提供了有力的资金保障。

5.1.1 什么是企业所得税

1. 企业所得税的概念

企业所得税是指对中华人民共和国境内的企业(居民企业及非居民企业)和其他取得收入的经营单位,以其生产经营所得和其他所得为征税对象所征收的一种所得税。

2. 企业所得税的特点

(1)税基受税法强力约束

企业应纳税所得额的计算,必须严格按照《中华人民共和国企业所得税法》(以下简称《企业所得税法》)、《中华人民共和国企业所得税法实施条例》及其他有关规定进行。比如,当企业财税人员的财务、会计处理方法与国家税收法规相抵触时,应该严格按照相关税法的规定计算应纳税额。

这一规定弥补了原来税法服从于财务制度的缺陷,切实维护了国家利益。

(2)税额受企业经济效益影响

企业所得税的征税对象,是企业总收入扣除成本费用后的净所得额,税源[1]大小取决于净所得额的大小。总收入相同的纳税人，净所得额不一定相同，缴纳的所得税额也不一定相同。

（3）征税以量能负担为原则

量能负担即根据能力大小，按比例负担。

企业所得税以所得额为征税对象，其负担轻重与纳税人所得额有联系：所得多、负担能力大的多征；所得少、负担能力小的少征；无所得、没有负担能力的不征。以量能负担为原则，可以体现税收的公平性。

（4）按年计算，分期预缴

由于征税对象一般为纳税人的全年应纳税所得额，所以要到年终编出决算并经税务机关审核后才能确定；但是，如果年终才征收企业所得税，国家就不能均衡、及时地取得财政收入，也不利于企业合理安排资金。

因此，企业所得税一般采取按年计算、分月或分季预缴、年终汇算清缴、多退少补的征收办法。

5.1.2 企业所得税的税率

企业所得税的税率，即用以计算企业所得税应纳税额的法定比率。根据不同企业类型，我国企业所得税有不同的税率标准。

1. 比例税率

在我国，企业所得税税率采用比例税率。

居民企业的基本税率为25%。非居民企业在中国境内未设立机构、场所的，或者虽设立机构、场所但取得的所得与其所设立机构、场所没有实际联系的，其来源于中国境内的所得缴纳企业所得税，适用税率为20%，但实际征税时适用10%的税率。

2. 优惠税率

国家为了重点扶持和鼓励发展特定的产业和项目，规定了两档优惠税率。

（1）符合条件的小型微利企业，减按20%的税率征收企业所得税。

---

[1] 经济税源简称"税源"，即税收收入的经济来源，主要是指国民经济各个部门当年创造的国民收入或往年累积的国民收入。

小型微利企业是指从事国家非限制和禁止行业，并符合以下两个条件之一的企业，如图 5-1 所示。

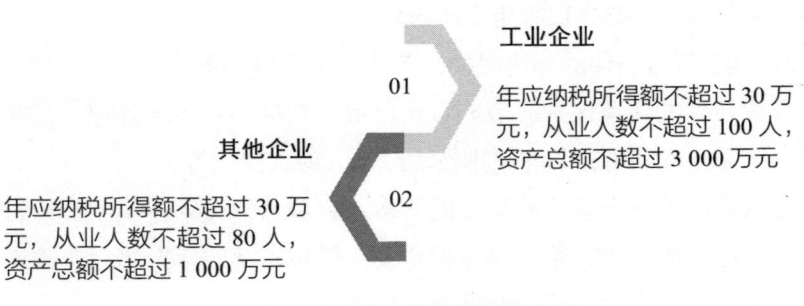

工业企业
01
年应纳税所得额不超过 30 万元，从业人数不超过 100 人，资产总额不超过 3 000 万元

其他企业
02
年应纳税所得额不超过 30 万元，从业人数不超过 80 人，资产总额不超过 1 000 万元

图 5-1　符合小型微利企业的条件

（2）国家重点扶持的高新技术企业，减按 15% 的税率征收企业所得税。

国家重点扶持的高新技术企业，是指拥有核心自主知识产权，并同时符合下列条件的企业：

▶产品（服务）属于《国家重点支持的高新技术领域》规定的范围；

▶科技人员占企业职工总数的比例不低于规定比例；

▶研究开发费用占销售收入总额的比例不低于规定比例；

▶高新技术产品（服务）收入占企业收入总额的比例不低于规定比例；

▶《高新技术企业认定管理办法》规定的其他条件。

其中，《国家重点支持的高新技术领域》和《高新技术企业认定管理办法》由国务院科技、财政、税务主管部门和国务院有关部门制定，报国务院批准后公布施行。

3. 免征与减征优惠

企业所得税条例原则规定了两项减免税优惠：一是民族区域自治地方的企业需要照顾和鼓励的，经省级人民政府批准，可以实行定期减税或免税；二是法律、行政法规和国务院有关规定给予减税或免税的企业，依照规定执行。

下面我们将对第二项优惠规定进行详细说明。

（1）国家重点扶持的公共基础设施项目投资经营的所得

国家重点扶持的公共基础设施项目，是指《公共基础设施项目企业所得税优惠目录》规定的城市公共交通、公路、机场、铁路、港口码头、电力、水利等项目。

企业从事国家重点扶持的公共基础设施项目时，其投资经营的所得，自项目取得第一笔生产经营收入所属纳税年度起，第一年至第三年免征企业所得税，第四年至第六年减半征收企业所得税。

（2）从事符合条件的环境保护、节能节水项目的所得

符合该条件的环境保护、节能节水项目，包括公共污水处理、公共垃圾处理、沼气综合开发利用、节能减排技术改造、海水淡化等。

企业从事此类符合条件的项目的所得，自项目取得第一笔生产经营收入所属纳税年度起，第一年至第三年免征企业所得税，第四年至第六年减半征收企业所得税。

（3）从事农、林、牧、渔业项目的所得

企业从事此类项目时，均可获得免征或减半征收企业所得税的优惠。根据所从事项目的不同，其优惠力度也有所不同，具体项目种类如图 5-2、图 5-3 所示。

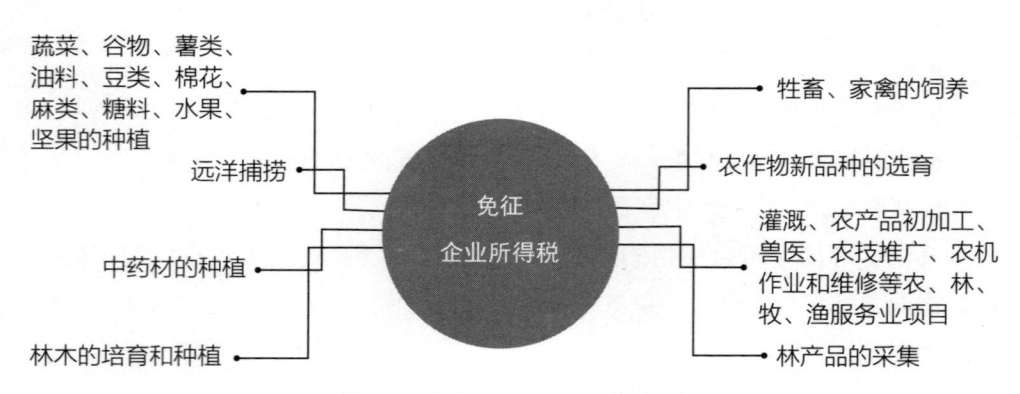

免征企业所得税项目：
- 蔬菜、谷物、薯类、油料、豆类、棉花、麻类、糖料、水果、坚果的种植
- 远洋捕捞
- 中药材的种植
- 林木的培育和种植
- 牲畜、家禽的饲养
- 农作物新品种的选育
- 灌溉、农产品初加工、兽医、农技推广、农机作业和维修等农、林、牧、渔服务业项目
- 林产品的采集

图 5-2　免征企业所得税项目种类

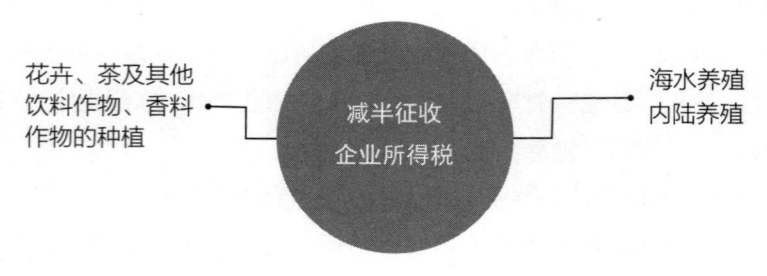

减半征收企业所得税项目：
- 花卉、茶及其他饮料作物、香料作物的种植
- 海水养殖、内陆养殖

图 5-3　减半征收企业所得税项目种类

4. 符合条件的技术转让所得

一个纳税年度内，居民企业技术转让所得不超过 500 万元的部分，免征企业所得税；超过 500 万元的部分，减半征收企业所得税。

纳税小课堂

企业所得税减免是国家运用税收经济杠杆，扶持、鼓励企业及部分特殊行业的发展而采取的一项灵活调节措施。

值得注意的是，这些享受了减免税优惠的项目，如果在减免税期限内转让，受让方自受让之日起，可继续在剩余期限内享受规定的减免税优惠；在减免税期限届满后转让的，受让方不得就该项目重复享受减免税优惠。

对税制改革以前的所得税优惠政策中属于政策性强、影响面大、有利于经济发展和维护社会安定的，经国务院同意，可以继续执行。

实操笔记

【想一想】符合条件的小型微利企业，减按多少税率征收企业所得税？

答案：20%

5.2 企业所得税的纳税人和征税对象

刚打开手机，一则标题为"山西首次征收外国体育团体非居民企业所得税"的新闻就吸引住了小顾的目光。对于这则新闻，小顾有很多不解之处。比如，外国团体也要在中国纳税？非居民企业所得税是什么意思？

小顾要想弄明白这两个问题，就要了解什么是企业所得税的纳税人和征税对象。

5.2.1 企业所得税的纳税人

在企业所得税的纳税过程中，由于企业形式的差异性和企业所得的多样性，对纳税人及征税对象均存在明确的类别或范围划分，只有严格按照相关法律法规将企业及其所得额进行合理归类，才能正确纳税。

企业所得税纳税人在实际的税收征纳过程中，包含实际纳税人与扣缴义务人两个概念，将二者一同归入纳税人的概念范畴，有利于保护扣缴义务人在税法上的权利。但这并不代表二者毫无区别，我们在具体问题的探讨中仍然要明确区分纳税人与扣缴义务人。

1. 纳税人

企业所得税纳税人，即中华人民共和国境内所有实行独立经济核算的内资企业或其他组织，此类纳税人不包括依照中国法律、行政法规规定成立的个人独资企业，以及合伙人是自然人的合伙企业。作为企业所得税纳税人，应依照《企业所得税法》缴纳企业所得税。六类企业所得税纳税人如图5-4所示。

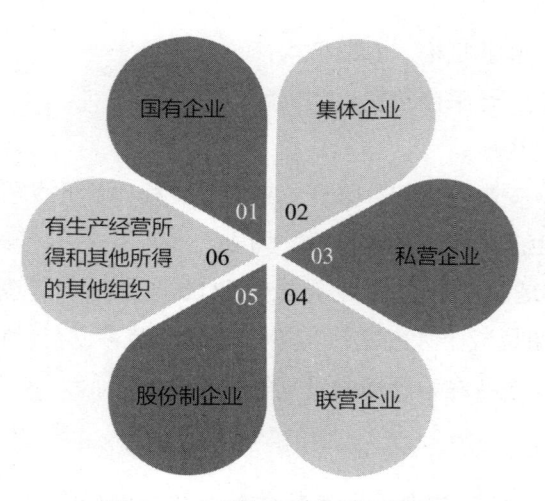

图 5-4 六类企业所得税纳税人

企业所得税的纳税人分为居民企业和非居民企业。

（1）居民企业

居民企业是指依法在中国境内成立，或者依照外国（地区）法律成立，但实际管理机构在中国境内的企业。依法在中国境内成立的企业，包括依照中国法律、行政法规在中国境内成立的企业、事业单位、社会团体，以及取得收入的其他组织。

例如，在我国注册成立的沃尔玛（中国）公司就是我国的居民企业；在英国、法国等国家和地区注册的公司，如果实际管理机构在我国境内，也属于我国的居民企业。上述企业均应就其来源于我国境内外的所得，缴纳企业所得税。

（2）非居民企业

非居民企业是指依照外国（地区）法律成立，并且实际管理机构不在中国境内，但在中国境内设立机构、场所的企业；或者在中国境内未设立机构、场所，但有来源于中国境内所得的企业。

例如，在 2012—2013 中国女篮联赛期间，于我国参加女篮比赛的美国人玛雅·摩尔，其经纪公司在中国担负有非居民企业纳税义务。

实际上，在我国设立代表处及其他分支机构的外国企业，均有非居民企业纳税义务，其中实际管理机构是指对企业的生产经营、人员、账务、财产等实施实质性全面管理和控制的机构，即在中国境内从事生产经营活动的机构、场所，包括以下几种：

- 管理机构、营业机构、办事机构；
- 工厂、农场、开采自然资源的场所；
- 提供劳务的场所；
- 从事建筑、安装、装配、修理、勘探等工程作业的场所；
- 其他从事生产经营活动的机构、场所。

需要注意的是，非居民企业委托营业代理人在中国境内从事生产经营活动，包括委托单位或个人经常代其签订合同，储存、交付货物等，该营业代理人均视为非居民企业在中国境内设立的机构、场所。

2. 扣缴义务人

扣缴义务人虽然负有代为扣税并缴纳税款的法定职责，但并非纯粹意义上的实际纳税人，也不是实际负担税款的负税人，其法定义务由法律基于行政便宜主义[1]设定。在税收征纳过程中，扣缴义务人同样需要面对国家和征税机关，扮演纳税人的角色，因此其基本权利与实际纳税人应该是一致的。

针对扣缴义务人的认定方式及缴税方式，主要从以下两个方面着手：

（1）支付人为扣缴义务人

非居民企业在中国境内未设立机构、场所的，或者虽然设立机构、场所但取得的所得与其所设机构、场所没有实际联系的，对其来源于中国境内的所得缴纳的企业所得税，实行源泉扣缴，以支付人为扣缴义务人。税款由扣缴义务人在每次支付或者到期应支付时，从支付或者到期应支付的款项中扣缴。

（2）指定扣缴义务人

对非居民企业在中国境内取得工程作业和劳务所得应缴纳的所得税，税务机关可以指定工程价款或者劳务费的支付人为扣缴义务人。

扣缴义务人每次代扣的税款，应当自代扣之日起 7 日内缴入国库，并向所在地的税务机关报送扣缴企业所得税报告表。

扣缴义务人未依法扣缴或无法履行扣缴义务的，由纳税人在所得发生地缴纳。在中国境内存在多处所得发生地的，由纳税人选择其中一处申报缴纳企业所得税。

---

[1] 行政便宜主义：为提升行政决定的可接受性，确立便宜原则作为行政法的基本原则，赋予行政主体协商裁量的权力。它与法治原则互相补充、相互协调。

5.2.2 企业所得税的征税对象

企业所得税的征税对象包括我国境内的企业或组织取得的生产经营所得和其他所得，即以货币形式和非货币形式从各种来源取得的收入，包括以下九类：销售货物所得、提供劳务所得、转让财产所得、股息红利所得、利息所得、租金所得、特许权使用费所得、接受捐赠所得和其他所得。

根据企业的分类，居民企业与非居民企业征税对象的确认各有不同。

1. 居民企业的征税对象

居民企业应当就其来源于中国境内、境外的所得缴纳企业所得税。

所得包括销售货物所得、利息所得、租金所得、特许权使用费所得、转让财产所得、提供劳务所得、股息红利等权益性投资所得、接受捐赠所得和其他所得。

2. 非居民企业的征税对象

非居民企业在中国境内设立机构、场所的，应当就其所设立机构、场所取得的来源于中国境内的所得，以及发生在中国境外，但与其所设机构、场所有实际联系的所得，缴纳企业所得税。

非居民企业在中国境内未设立机构、场所的，或者虽设立机构、场所但取得的所得与其所设机构、场所没有实际联系的，应当就其来源于中国境内的所得缴纳企业所得税。

其中，来源于中国境内、境外的所得，应按照以下原则确定：

（1）销售货物所得，按照交易活动发生地确定。

（2）利息所得、租金所得、特许权使用费所得，按照负担、支付所得的企业或者机构、场所所在地确定，或者按照负担、支付所得的个人的住所地确定。

（3）转让财产所得。根据不同类型资产的转让，其所得的判断有不同依据：

▶ 不动产转让所得按照不动产所在地确定；

▶ 动产转让所得按照转让动产的企业或者机构、场所所在地确定；

▶ 权益性投资资产转让所得按照被投资企业所在地确定。

(4) 提供劳务所得，按照劳务发生地确定。

(5) 股息、红利等权益性投资所得，按照分配所得的企业所在地确定。

(6) 其他所得，由国务院财政、税务主管部门确定。

实操笔记

【判断题】扣缴义务人就是纳税义务人。（　）

答案：错

5.3 企业所得税的纳税期限、地点及申报

小雨毕业于一所名校的会计专业,最近刚走上工作岗位,成为一名财税人员。专业知识一向过硬的小雨,在工作中却遇到了不少麻烦。原来,小雨发现,理论知识与实际工作之间存在着很大的差异。比如,想要准确、规范地完成企业所得税的纳税流程,就必须了解更多相关细则和操作规范。

为了避免在办理企业所得税纳税业务时出现纰漏,小雨认真学习和了解了消费税的纳税期限、地点及申报。

5.3.1 企业所得税的纳税期限

企业所得税按纳税年度计征,自公历 1 月 1 日起至 12 月 31 日止,分月或分季预缴,年终汇算清缴后多退少补。在一个纳税年度中间开业或终止经营活动,使该纳税年度的实际经营期不足 12 个月的,应以其实际经营期为一个纳税年度。

预缴企业所得税时,企业应当自月份或季度终了之日起 15 日内,向税务机关报送预缴企业所得税纳税申报表,预缴企业所得税,并自年度终了之日起 5 个月内,向税务机关报送年度企业所得税纳税申报表,进行汇算清缴,结清应缴或应退税款。

企业在年度中间终止经营活动的,应自实际经营终止之日起 60 日内,向税务机关办理企业所得税汇算清缴。

企业在纳税年度内无论盈亏,均应依照税法规定期限,向税务机关报送预缴企业所得税纳税申报表、年度企业所得税纳税申报表、同期财务会计报告和税务机关要求报送的其他有关资料。

5.3.2 企业所得税的纳税地点

企业要如期、合规纳税,还需要选对纳税地点。不同类型企业各自纳税地点的选取依据并不相同,在缴纳企业所得税时,企业应根据自身情况,严格按照划分的类别选取纳税地点。居民企业和非居民企业应选取不同的纳税地点。

1. 居民企业

除税收法律、行政法规另有规定外,居民企业应以企业登记注册地为纳税地点。登记注册地在境外的居民企业,以实际管理机构所在地为纳税地点。

2. 非居民企业

在中国境内设立机构、场所的非居民企业,以机构、场所所在地为纳税地点。其中,设有两个或两个以上机构、场所的非居民企业,经税务机关审核批准后,可选择由其主要机构、场所汇总缴纳企业所得税。

需要注意的是,可以作为纳税地点的机构、场所应同时符合以下两个条件:

(1)对其他机构、场所的生产经营活动负有监督管理责任;

(2)设有完整的账簿、凭证,能够准确反映各机构、场所的收入、成本、费用和盈亏情况。

在中国境内未设立机构、场所的非居民企业,或者虽设立机构、场所但取得的所得与其所设机构、场所没有实际联系的非居民企业,以扣缴义务人所在地为纳税地点。

纳税小课堂

经税务机关审核批准,是指经各机构、场所所在地税务机关的共同上级税务机关审核批准。

非居民企业经批准汇总缴纳企业所得税后,如果需要增设、合并、迁移、关闭机构和场所,或者停止机构和场所业务,应当由负责汇总申报缴纳企业所得税的主要机构、场所向其所在地税务机关报告;如果需要变更汇总缴纳企业所得税的主要机构、场所,应依照相关规定办理。

5.3.3 企业所得税的纳税申报

明确企业的纳税地点后，财税人员就可以进行企业所得税的纳税申报了。企业在进行企业所得税纳税申报时，必须正确填制并及时报送相关申报表，同时应附带同期财务会计报告等资料。比如，申报预缴企业所得税时，应按规定填制"企业所得税月（季）度预缴纳税申报表"；申报年终进行企业所得税汇算清缴时，应按规定填制"企业所得税年度纳税申报表"及有关附表。

财税人员在填制企业所得税纳税申报表时，应以财务会计实时信息为依据；而且，这类信息必须按税法的规定进行纳税调整或重新组织，以符合企业所得税纳税申报表的填制要求。

1. 企业所得税预缴纳税申报表及其填制

企业所得税预缴纳税申报表分A类申报表和B类申报表两种。

企业所得税月（季）度预缴纳税申报表（A类），适用于以下两种情况：

▶实行查账（核实）征收企业所得税的居民企业纳税人在月（季）度预缴纳税申报时填报；

▶跨地区经营汇总纳税企业的分支机构在年度纳税申报时填报。

企业所得税月（季）度预缴和年度纳税申报表（B类），适用于核定征收企业所得税的居民企业在月（季）度预缴申报和年度汇算清缴申报时填报。其中，扣缴义务人应填报"扣缴报告表"，汇总纳税企业应填报"汇总纳税分支机构分配表"。企业所得税月（季）度预缴纳税申报表（A类）和企业所得税月（季）度预缴和年度纳税申报表（B类）如表5-1、表5-2所示。

表 5-1　企业所得税月（季）度预缴纳税申报表（A类）

税款所属期间：　　年　月　日至　　年　月　日

纳税人识别号（统一社会信用代码）：□□□□□□□□□□□□□□□□□□

纳税人名称：　　　　　　　　　　　　　　金额单位：人民币元（列至角分）

预缴方式	□按照实际利润额预缴	□按照上一纳税年度应纳税所得额平均额预缴	□按照税务机关确定的其他方法预缴
企业类型	□一般企业	□跨地区经营汇总纳税企业总机构	□跨地区经营汇总纳税企业分支机构

续表

按季度填报信息									
项　　目	一季度		二季度		三季度		四季度		季度平均值
^	季初	季末	季初	季末	季初	季末	季初	季末	^
从业人数									
资产总额（万元）									
国家限制或禁止行业	□是　□否				小型微利企业				□是　□否

预　缴　税　款　计　算		
行次	项　　　目	本年累计金额
1	营业收入	
2	营业成本	
3	利润总额	
4	加：特定业务计算的应纳税所得额	
5	减：不征税收入	
6	减：免税收入、减计收入、所得减免等优惠金额（填写 A201010）	
7	减：资产加速折旧、摊销（扣除）调减额（填写 A201020）	
8	减：弥补以前年度亏损	
9	实际利润额（3+4-5-6-7-8）\ 按照上一纳税年度应纳税所得额平均额确定的应纳税所得额	
10	税率（25%）	
11	应纳所得税额（9×10）	
12	减：减免所得税额（填写 A201030）	
13	减：实际已缴纳所得税额	
14	减：特定业务预缴（征）所得税额	
L15	减：符合条件的小型微利企业延缓缴纳所得税额（是否延缓缴纳所得税　□是　□否）	
15	本期应补（退）所得税额（11-12-13-14-L15）\ 税务机关确定的本期应纳所得税额	

汇总纳税企业总分机构税款计算		
16	总机构填报	总机构本期分摊应补（退）所得税额（17+18+19）
17	^	其中：总机构分摊应补（退）所得税额（15× 总机构分摊比例 ＿%）
18	^	财政集中分配应补（退）所得税额（15× 财政集中分配比例 ＿%）
19	^	总机构具有主体生产经营职能的部门分摊所得税额（15× 全部分支机构分摊比例 ＿%× 总机构具有主体生产经营职能部门分摊比例 ＿%）
20	分支机构填报	分支机构本期分摊比例
21	^	分支机构本期分摊应补（退）所得税额

续表

附 报 信 息			
高新技术企业	□是 □否	科技型中小企业	□是 □否
技术入股递延纳税事项	□是 □否		
谨声明：本纳税申报表是根据国家税收法律法规及相关规定填报的，是真实的、可靠的、完整的。 　　　　　　　　　　　　　　　　　　　纳税人（签章）：　　年 月 日			
经办人：		受理人：	
经办人身份证号：		受理税务机关（章）：	
代理机构签章：		受理日期：　　年 月 日	
代理机构统一社会信用代码：			

国家税务总局监制

表 5-2　企业所得税月（季）度预缴和年度纳税申报表（B类）

税款所属期间：　　年 月 日至　　年 月 日

纳税人识别号（统一社会信用代码）：□□□□□□□□□□□□□□□□□□

纳税人名称：　　　　　　　　　　　　　　　金额单位：人民币元（列至角分）

核定征收方式	□核定应税所得率（能核算收入总额的）　□核定应税所得率（能核算成本费用总额的）　□核定应纳所得税额								
按 季 度 填 报 信 息									
项　目	一季度		二季度		三季度		四季度		季度平均值
	季初	季末	季初	季末	季初	季末	季初	季末	
从业人数									
资产总额（万元）									
国家限制或禁止行业	□是　□否				小型微利企业				□是　□否
按 年 度 填 报 信 息									
从业人数(填写平均值)					资产总额（填写平均值，单位：万元）				
国家限制或禁止行业	□是　□否				小型微利企业				□是　□否

行次	项　目	本年累计金额
1	收入总额	
2	减：不征税收入	
3	减：免税收入（4+5+10+11）	
4	国债利息收入免征企业所得税	
5	符合条件的居民企业之间的股息、红利等权益性投资收益免征企业所得税（6+7.1+7.2+8+9）	

续表

行次	项 目	本年累计金额
6	其中：一般股息、红利等权益性投资收益免征企业所得税	
7.1	通过沪港通投资且连续持有H股满12个月取得的股息、红利所得免征企业所得税	
7.2	通过深港通投资且连续持有H股满12个月取得的股息、红利所得免征企业所得税	
8	居民企业持有创新企业CDR取得的股息、红利所得免征企业所得税	
9	符合条件的居民企业之间属于股息、红利性质的永续债利息收入免征企业所得税	
10	投资者从证券投资基金分配中取得的收入免征企业所得税	
11	取得的地方政府债券利息收入免征企业所得税	
12	应税收入额（1-2-3）\ 成本费用总额	
13	税务机关核定的应税所得率（%）	
14	应纳税所得额（第12×13行）\ [第12行/（1-第13行）×第13行]	
15	税率（25%）	
16	应纳所得税额（14×15）	
17	减：符合条件的小型微利企业减免企业所得税	
18	减：实际已缴纳所得税额	
L19	减：符合条件的小型微利企业延缓缴纳所得税额（是否延缓缴纳所得税 □是 □否）	
19	本期应补（退）所得税额（16-17-18-L19）\ 税务机关核定本期应纳所得税额	
20	民族自治地方的自治机关对本民族自治地方的企业应缴纳的企业所得税中属于地方分享的部分减征或免征（□免征 □减征：减征幅度__%）	
21	本期实际应补（退）所得税额	

谨声明：本纳税申报表是根据国家税收法律法规及相关规定填报的，是真实的、可靠的、完整的。

纳税人（签章）：　　　年　月　日

经办人：	受理人：
经办人身份证号：	受理税务机关（章）：
代理机构签章：	受理日期：　　年　月　日
代理机构统一社会信用代码：	

国家税务总局监制

2. 企业所得税年度纳税申报表（A类）及其填制

相比企业所得税预缴纳税申报表，企业所得税年度纳税申报表的内容更为丰富、翔实，在填写时需要注意的细节也更多。因此，财税人员在填制该表前应详细了解企业类型、业务发生情况、申报表单结构、表单填写需求等信息，然后再根据企业实际情况进行合规填写。

（1）企业所得税年度纳税申报表（A类）的表单结构

企业所得税年度纳税申报表（A类）适用于查账征收企业，由37张表单组成，如表5-3所示。

表 5-3　企业所得税年度纳税申报表（A类）填报表单

表单编号	表单名称	选择填报情况	
		填报	不填报
A000000	企业所得税年度纳税申报基础信息表	√	×
A100000	中华人民共和国企业所得税年度纳税申报表（A类）	√	×
A101010	一般企业收入明细表	□	□
A101020	金融企业收入明细表	□	□
A102010	一般企业成本支出明细表	□	□
A102020	金融企业支出明细表	□	□
A103000	事业单位、民间非营利组织收入、支出明细表	□	□
A104000	期间费用明细表	□	□
A105000	纳税调整项目明细表	□	□
A105010	视同销售和房地产开发企业特定业务纳税调整明细表	□	□
A105020	未按权责发生制确认收入纳税调整明细表	□	□
A105030	投资收益纳税调整明细表	□	□
A105040	专项用途财政性资金纳税调整明细表	□	□
A105050	职工薪酬支出及纳税调整明细表	□	□
A105060	广告费和业务宣传费跨年度纳税调整明细表	□	□
A105070	捐赠支出及纳税调整明细表	□	□
A105080	资产折旧、摊销及纳税调整明细表	□	□
A105090	资产损失税前扣除及纳税调整明细表	□	□
A105100	企业重组及递延纳税事项纳税调整明细表	□	□
A105110	政策性搬迁纳税调整明细表	□	□

续表

表单编号	表单名称	填报	不填报
A105120	特殊行业准备金及纳税调整明细表	□	□
A106000	企业所得税弥补亏损明细表	□	□
A107010	免税、减计收入及加计扣除优惠明细表	□	□
A107011	符合条件的居民企业之间的股息、红利等权益性投资收益优惠明细表	□	□
A107012	研发费用加计扣除优惠明细表	□	□
A107020	所得减免优惠明细表	□	□
A107030	抵扣应纳税所得额明细表	□	□
A107040	减免所得税优惠明细表	□	□
A107041	高新技术企业优惠情况及明细表	□	□
A107042	软件、集成电路企业优惠情况及明细表	□	□
A107050	税额抵免优惠明细表	□	□
A108000	境外所得税收抵免明细表	□	□
A108010	境外所得纳税调整后所得明细表	□	□
A108020	境外分支机构弥补亏损明细表	□	□
A108030	跨年度结转抵免境外所得税明细表	□	□
A109000	跨地区经营汇总纳税企业年度分摊企业所得税明细表	□	□
A109010	企业所得税汇总纳税分支机构所得税分配表	□	□

注：企业应当根据实际情况选择需要填报的表单。

企业所得税年度纳税申报表（A类）填报表单可分为必填表和选填表两大类，其中"企业所得税年度纳税申报基础信息表"和"中华人民共和国企业所得税年度纳税申报表（A类）"为必填表，其余报表为选填表。选填表可分为六大类，包括会计核算相关明细表、纳税调整项目明细表、企业所得税弥补亏损明细表、税收优惠相关明细表、境外所得税收抵免明细表、跨地区经营汇总纳税企业年度分摊企业所得税明细表。企业所得税年度纳税申报表（A类）填报表单结构如图5-5所示。

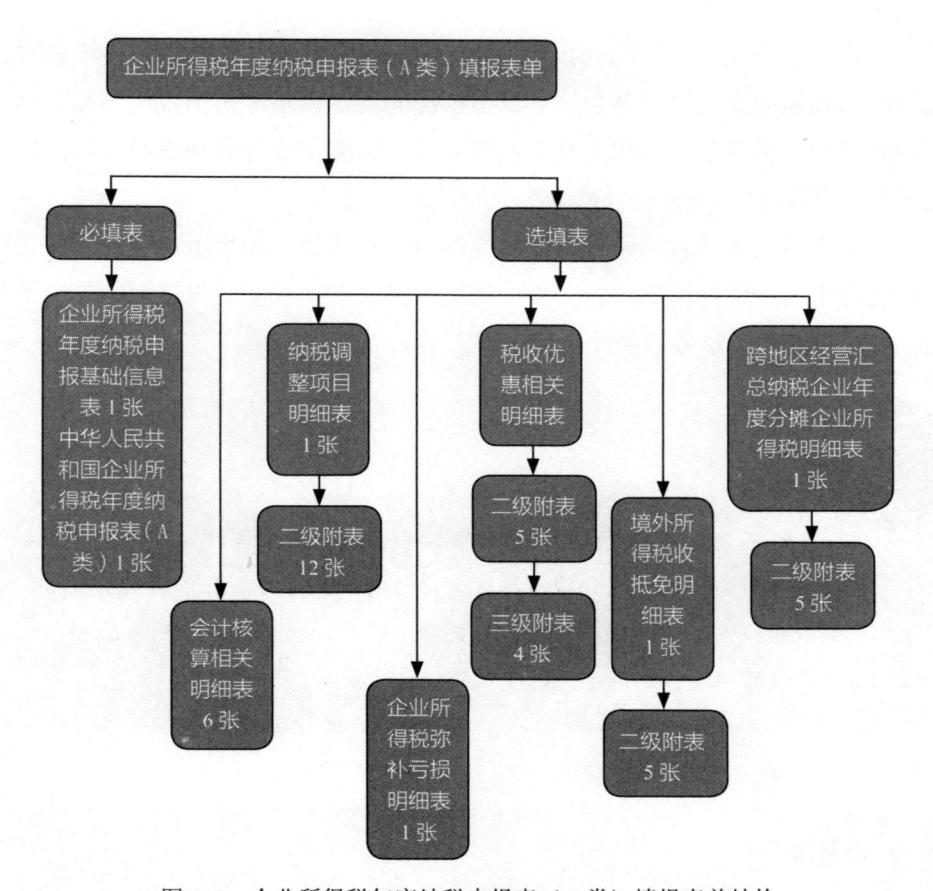

```
                    企业所得税年度纳税申报表（A类）填报表单
                                    │
                ┌───────────────────┴───────────────────┐
              必填表                                   选填表
                │                                       │
    ┌───────────┴──┐           ┌──────────┬─────────┬──────────┐
  企业所得税        │         纳税调整      税收优惠    │      跨地区经营汇
  年度纳税申        │         整项目        相关       │      总纳税企业年
  报基础信息        │         明细表        明细表     │      度分摊企业所
  表 1 张          │          1 张         1 张       │      得税明细表
  中华人民共        │            │           │        │        1 张
  和国企业所        │         二级附表    二级附表   境外所       │
  得税年度纳        │         12 张       5 张     得税收      二级附表
  税申报表（A       │                      │       抵免明        5 张
  类）1 张         │                    三级附表   细表
        │         │                     4 张     1 张
        │      会计核                               │
        │      算相关                             二级附表
        │      明细表                              5 张
        │      6 张
        │
     企业所
     得税弥
     补亏损
     明细表
      1 张
```

图 5-5 企业所得税年度纳税申报表（A 类）填报表单结构

从使用频率角度看，绝大多数纳税人实际填报表单的数量为 8～10 张。除两张必填表外，常用的选填表为"一般企业收入明细表""一般企业成本支出明细表""期间费用明细表""纳税调整项目明细表""职工薪酬支出及纳税调整明细表""减免所得税优惠明细表"等，其余表单应根据纳税人所在行业类型、业务发生情况选择填报。

（2）填制企业所得税年度纳税申报表（A类）填报表单的注意事项

企业所得税的年度纳税申报以"中华人民共和国企业所得税年度纳税申报表（A类）"为核心，这张表也被称为主表。主表中的数据大部分来自企业所得税年度纳税申报（A类）填报表单中的附表，个别数据来自财务报表。附表既独立体现现行企业所得税政策，又与主表密切相关。

主表是以企业所得税的间接法原理[1]为基础设计的,财税人员在填制时,应以利润表为起点,将财务会计利润按税法的规定调整为应纳税所得额,然后再计算应纳所得税额。财税人员在填制主表时,需要进行利润总额计算、应纳税所得额计算及应纳所得税额计算。

财税人员在计算应纳税所得额及应纳所得税额时,如果出现会计处理方法与税法规定不一致的情况,应按税法规定计算。如果税法对该情况的规定不明确,可以暂按相关财务、会计规定计算。

纳税小课堂

填报完成的纳税申报表可以揭示企业在税收管理、财务管理中存在的问题,以正确处理所得税会计与财务会计的关系。正确填报纳税申报表,不仅可以履行纳税义务,还可以揭示企业在税收管理中存在的问题,防范企业税务风险。

实操笔记

【想一想】在预缴企业所得税时,企业应当自月份或季度终了之日起多少日内,向税务机关报送预缴企业所得税纳税申报表?

答案:15日内

---

[1] 间接法原理是以企业报告期内按照权责发生制计算的净利润为起点,经过对有关项目的调整,转化为按照收付实现制计算出来的企业当期经营活动产生的现金净流量的方法。

第 6 章

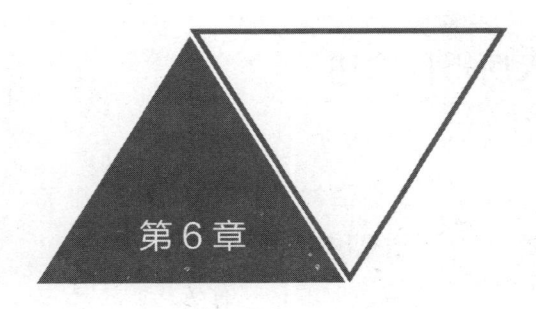

个人所得税：明明白白缴个税

在企业的劳务关系中，员工工资达到国家规定的数额后，需要缴纳个人所得税。个人所得税能够调整征税机关与自然人之间在个人所得税的征纳与管理过程中所发生的社会关系，调节贫富差距，维持社会繁荣稳定。

6.1 个人所得税综述

小敏和小彭是 A 企业的在职员工，由于两人业绩突出，领导给两人涨了工资，其工资上涨后的数额均在 5 000 元以上。根据国家规定的个人所得税起征点，小敏和小彭两人应该缴纳个人所得税。小敏调侃道："看来我们还是为国家做出了一点贡献的。"小彭说："依法纳税，义不容辞。"

6.1.1 什么是个人所得税

个人所得税相比其他税种，出现的时间较晚。直至1874年，个人所得税才成为英国一个相对固定的税种。现阶段我国个人所得税的相关法律、法规还在进一步完善中，以适应时代的变化。

1. 个人所得税的概念

个人所得税是调整征税机关与自然人之间，在个人所得税的征纳与管理过程中所发生的社会关系的法律规范的总称。确切地说，所得税是国家对本国公民或者居住在本国境内的个人的所得和境外个人来源于本国的所得征收的一种所得税。对大多数国家而言，个人所得税是主体税种，是国家财政收入的主要来源，对国家的经济发展有较大影响。

2. 个人所得税的特点

个人所得税无论是在征收方式、税率使用还是在征税方法上，都与其他税种有所不同，主要具有以下三个特点：

（1）实行分类征收制

分类征收制、综合征收制和混合征收制是三类世界各国目前使用的个人所得税征收制。分类征收制，是根据纳税人不同来源、性质的所得项目，分别规定以不同的税率征税；综合征收制，是汇总纳税人全年的各项所得，就其总额进行征税；混合征收制，是对纳税人不同来源、性质的所得先分别按照不同的税率征税，然后将全年的各项所得进行汇总征税。目前，我国采用分类征收制作为个人所得税的征收制。

(2) 累进税率与比例税率并用

我国现行个人所得税根据各类不同的个人所得，对工资薪金所得、个体工商户的生产经营所得和企事业单位的承包承租经营所得，采用累进税率；对于劳务报酬、稿酬等其他所得，采用比例税率。

(3) 采取源泉扣缴和自行申报两种征税方法

在我国，这两种方法同时运用有利于强化对个人所得税的征管，堵塞税收漏洞。

源泉扣缴是指以所得支付者为扣缴义务人，向纳税人支付所得款项时，代为扣缴税款的做法。实行由支付单位源泉扣缴可以有效保护税源，减少偷漏税情况，简化纳税手续，便于征收管理，从而保证国家的财政收入。

自行申报纳税是指在纳税期限内，由纳税人自行向税务机关申报所得项目和数额，填写个人所得税纳税申报表，并按税法规定计算应纳税额的方法。自行申报的方法有利于增强纳税人的纳税意识，并强化纳税人的申报义务和法律责任。

6.1.2 个人所得税的税率

个人所得税税率是个人所得税税额与应纳税所得额之间的比例。个人所得税税率是由国家相应的法律法规规定的，根据个人的收入计算。缴纳个人所得税是收入达到缴纳标准的公民应尽的义务。个人所得税的征收按照具体情况的不同，适用综合所得税率、经营所得税率和其他所得税率三种；另外，国家还规定了在一些特殊情况下，对个人所得税采取减免政策。

1. 综合所得税率

综合所得税又称"一般所得税"，区别于"分类所得税"。它对纳税人在一定时间内的各类所得，不论其来源如何，都相加汇总后按统一的税率计税。综合所得税的征收又分为以下三种情况：

(1) 居民个人工资、薪金所得预扣预缴[1]适用

扣缴义务人向居民个人支付工资、薪金所得时，按照累计预扣法计算预扣税款，并按月办理扣缴申报。根据计算得到累计预扣预缴应纳税所得额，按照对应的预扣率，计算累计应预扣预缴税额，再减除累计减免税额和累计已预扣预缴税额，其余额为本期应预扣预缴税额。个人所得税预扣率（居民个人工资、薪金所得预扣预缴适用）如表6-1所示。

表6-1　个人所得税预扣率（居民个人工资、薪金所得预扣预缴适用）

级数	累计预扣预缴应纳税所得额	预扣率（%）	速算扣除数
1	不超过36 000元的	3	0
2	超过36 000元至144 000元的部分	10	2 520
3	超过144 000元至300 000元的部分	20	16 920
4	超过300 000元至420 000元的部分	25	31 920
5	超过420 000元至660 000元的部分	30	52 920
6	超过660 000元至960 000元的部分	35	85 920
7	超过960 000元的部分	45	181 920

表6-1中的速算扣除数是指为解决超额累进税率分级计算税额的复杂技术问题，而预先计算出的一个数据。一般情况下，个人所得税采用速算扣除数法计算超额累进税率的所得税时，其计算公式为：

应纳税额 = 应纳税所得额 × 适用税率 − 速算扣除数

(2) 居民个人劳务报酬所得预扣预缴适用

扣缴义务人向居民个人支付劳务报酬所得、稿酬所得和特许权使用费所得时，应当按照以下方法按次或者按月预扣预缴税款：劳务报酬所得、稿酬所得和特许权使用费所得以每次收入减除费用后的余额为收入额。其中，稿酬所得的收入额减按70%计算。每次收入不超过4 000元的，减除费用按800元计算；每次收入4 000元以上的，减除费用按收入的20%计算。劳务报酬所得、稿酬所得和特许权使用费所得，以每次收入额为预扣预缴应纳税所得额，计算应预扣预缴税额。劳务报酬所得适用个人所得税预扣率（见表6-2），稿酬所得和特

---

[1] 预扣预缴是一种预先计算扣缴税款的方法，根据个人全年取得的总综合所得收入、专项附加扣除（参考《个人所得税专项附加扣除暂行办法》第二章到第七章内容）等扣除项目金额，计算其应纳税额。

许权使用费所得适用 20% 的比例预扣率。

表 6-2 个人所得税预扣率（居民个人劳务报酬所得预扣预缴适用）

级数	累计预扣预缴应纳税所得额	预扣率（%）	速算扣除数
1	不超过 20 000 元的	20	0
2	超过 20 000 元至 50 000 元的部分	30	2 000
3	超过 50 000 元的部分	40	7 000

（3）非居民个人工资、薪金所得，劳务报酬所得，稿酬所得和特许权使用费所得适用

扣缴义务人向非居民个人支付工资、薪金所得，劳务报酬所得，稿酬所得和特许权使用费所得时，应当按照以下方法按月或者按次代扣代缴税款。

非居民个人的工资、薪金所得，以每月收入额减除费用 5 000 元后的余额为应纳税所得额；劳务报酬所得、稿酬所得和特许权使用费所得，以每次收入额为应纳税所得额，适用个人所得税预扣率（见表 6-3）计算应纳税额。劳务报酬所得、稿酬所得和特许权使用费所得以收入减除 20% 的费用后的余额为收入额。其中，稿酬所得的收入额减按 70% 计算。

表 6-3 个人所得税预扣率（非居民个人工资、薪金所得，劳务报酬所得，稿酬所得和特许权使用费所得适用）

级数	应纳税所得额	预扣率（%）	速算扣除数
1	不超过 3 000 元的	3	0
2	超过 3 000 元至 12 000 元的部分	10	210
3	超过 12 000 元至 25 000 元的部分	20	1 410
4	超过 25 000 元至 35 000 元的部分	25	2 660
5	超过 35 000 元至 55 000 元的部分	30	4 410
6	超过 55 000 元至 80 000 元的部分	35	7 160
7	超过 80 000 元的部分	45	15 160

2. 经营所得税率

经营所得以每一纳税年度的收入总额减除成本、费用及损失后的余额，为

应纳税所得额，其个人所得税预扣率如表6-4所示。

表6-4 个人所得税预扣率（经营所得适用）

级数	全年应纳税所得额	税率（%）	扣除数
1	不超过30 000元的	5	0
2	超过30 000元至90 000元的部分	10	1 500
3	超过90 000元至300 000元的部分	20	10 500
4	超过300 000元至500 000元的部分	30	40 500
5	超过500 000元的部分	35	65 500

3. 其他所得税率

除上述两种税率以外的情况为其他所得适用，其个人所得税预扣率如表6-5所示。

表6-5 个人所得税预扣率（其他所得适用）

类型	应纳税所得额	税率（%）
利息、股息、红利所得	以每次收入额为应纳税所得额	20
财产租赁所得	每次收入不超过4 000元的，减除费用800元；4 000元以上的，减除20%的费用，其余额为应纳税所得额	20
财产转让所得	以转让财产的收入额减除财产原值和合理费用后的余额，为应纳税所得额	20
偶然所得	以每次收入额为应纳税所得额	20

新修订的《中华人民共和国个人所得税税法》（以下简称《个人所得税法》）合理调整了税率结构。对于综合所得，虽保持七级税率，但扩大了3%、10%、20%三档低税率的级距，大部分工薪阶层的收入可以由此提高，而且对于高收入者，其税率依旧保持不变，这将变相地缩小收入差距。对于经营所得，虽保持税率不变，但调整扩大了各档级距，这让个体工商户、企事业单位的承包经营、承租经营所得的应纳税额在一定程度上有所降低，体现了减税的普惠性。

4. 个人所得税减免政策

2019年1月1日正式推行新修订的《个人所得税法》,其中个人所得税减免政策如表6-6所示。

表6-6 个人所得税减免政策

类型	层面	政策
个人所得税免征的情形	国家及政府层面	省级人民政府、国务院部委和中国人民解放军军以上单位,以及外国组织、国际组织颁发的科学、教育、技术、文化、卫生、体育、环境保护等方面的奖金
		个人持有财政部发行的债券而取得的利息,个人持有经国务院批准发行的金融债券而取得的利息
		按国务院规定发给的政府特殊津贴、院士津贴,以及国务院规定免予缴纳个人所得税的其他补贴、津贴
		根据国家有关规定,从企业、事业单位、国家机关、社会组织提留的福利费或工会经费中支付给个人的生活补助费;各级人民政府民政部门支付给个人的生活困难补助费
	纳税个体层面	保险赔款
		军人的转业费、复员费、退役金
		按照国家统一规定发给干部、职工的安家费、退职费、基本养老金或退休费、离休费、离休生活补助费
		个人转让上市公司股票取得的所得(暂免)
	国际层面	依照有关法律规定应予免税的各国驻华使馆、领事馆的外交代表、领事官员和其他人员的所得
		中国政府参加的国际公约、签订的协议中规定免税的所得
	其他	国务院规定的其他免税所得
个人所得税减征的情形	有下列情形之一的,可减征个人所得税,具体幅度和期限,由省、自治区、直辖市人民政府规定,并报同级人民代表大会常务委员会备案	残疾、孤老人员和烈属的所得
		因自然灾害遭受重大损失的
		法律规定的其他减税情形

个人所得税减免政策的完善,表明了国家和政府在征税上的主导作用,保护了中低收入者和弱势群体,体现了我国税法惠国惠民的原则,切实地为部分

纳税人减轻了个税负担，让个人所得税充满了温暖，在一定程度上缩小了贫富差距。

6.1.3 个人所得税的计算方法

根据税法规定，个人所得税免征额为 5 000 元，若员工的工资超过 5 000 元，应缴纳个人所得税。个人所得税采用超额累进税率，因此，为方便工资核算，企业财税人员应该计算出员工个人所得税应纳税额，并由企业代扣代缴。个人所得税应纳税额的计算公式为：

个人所得税应纳税额 = 全月应纳税所得额 × 税率 - 速算扣除数

全月应纳税所得额 = （应发工资 - 三险一金[1]）- 5 000

由于个人所得税的税率为超额累进税率，不同工资数额所对应的税率有所不同，因此，会计人员在确定个人所得税税率时，应及时在国家税务总局网站上查阅"个人所得税税率表"。

【案例】小张是一家企业的在职员工，其每月工资收入为 8 000 元。由于小张的全年应纳税所得额不超过 36 000 元，因此小张适用个人所得税的税率应为 3%。按照 5 000 元/月的起征标准，小张个人所得税应纳税额的计算如下：

应纳税额 =（8 000 - 5 000）×3% - 0 = 90（元）

实操笔记

【写一写】请在下面写出个人所得税应纳税额的计算公式。

_____

_____

_____

---

[1] 三险一金是指基本养老保险费、基本医疗保险费、失业保险费和住房公积金，指"五险一金"中个人应该缴纳的金额。

6.2 个人所得税的纳税人、纳税范围及纳税比较

忙于准备税务师考试的小康，恰巧复习到了个人所得税纳税人这一知识点。对于缴纳个人所得税，小康只知道当一个人的工资水平达到一定标准后应当依法纳税，而对于这类纳税人的具体定义、纳税范围等并不了解。

6.2.1 个人所得税的纳税人

个人所得税纳税人是指上交给国家个人所得税的人。确切地说，是指在中国境内有住所，或者无住所而在境内居住满一年，并从中国境内和境外取得所得的个人；在中国境内无住所又不居住或者无住所而在境内居住不满一年，但从中国境内取得所得的个人。

其中，"中国境内有住所的个人"是指因户籍、家庭、经济利益关系，而在中国境内习惯性居住的个人。而"习惯性居住"不是指实际居住或在某一个特定时期内的居住地。比如，因学习、工作、探亲、旅游等而在中国境外居住的，在其原因消除之后，必须回到中国境内居住的个人，则中国即为该纳税人习惯性居住地。

"境内居住满一年"是指在一个纳税年度（公历1月1日起至12月31日止）内在中国境内居住365日，若有临时离境[1]的情况，不扣减日数。

6.2.2 纳税人的纳税范围

我国于2019年1月1日正式推行新修订的《个人所得税法》。新个税法将原来的个体工商户的生产、经营所得与对企事业单位的承包经营、承租经营所得合并为"经营所得"这一征税对象，取消了原来的"经国务院财政部门确定征

---

[1] 临时离境是指在一个纳税年度中一次不超过30日或者多次累计不超过90日的离境。

税的其他所得"这一纳税范围。因此，纳税人的纳税范围包括以下九类。

1. 工资、薪金所得

工资、薪金所得，是指个人因任职或受雇而取得的工资、薪金、奖金、年终加薪、劳动分红、津贴、补贴、商业养老保险收入，以及与任职或受雇有关的其他所得。换言之，居民个人的所得，只要是通过任职或受雇所获得的，无论其薪资是以现金、实物还是以有价证券等形式支付，即不管公司的薪金开支通过什么渠道支付，都是工资、薪金所得项目的课税对象。

2. 个体工商户的生产、经营所得

个体工商户的生产、经营所得包括四个方面，如图6-1所示。

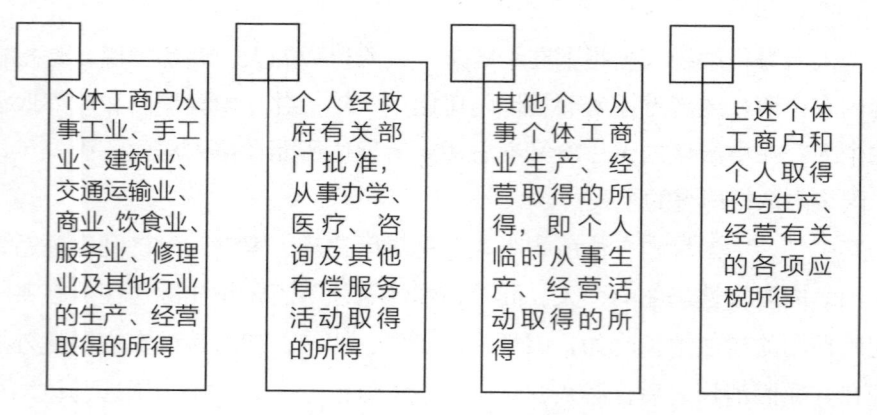

个体工商户从事工业、手工业、建筑业、交通运输业、商业、饮食业、服务业、修理业及其他行业的生产、经营取得的所得	个人经政府有关部门批准，从事办学、医疗、咨询及其他有偿服务活动取得的所得	其他个人从事个体工商业生产、经营取得的所得，即个人临时从事生产、经营活动取得的所得	上述个体工商户和个人取得的与生产、经营有关的各项应税所得

图6-1 个体工商户的生产、经营所得

3. 对企事业单位的承包经营、承租经营所得

对企事业单位的承包经营、承租经营所得，是指个人承包经营、承租经营及转包、转租取得的所得，包括个人按月或者按次取得的工资、薪金性质的所得。

4. 劳务报酬所得

劳务报酬所得，是指个人从事设计与装潢、医疗与化验、法律与财务咨询、讲学与新广传媒、书画与影音、会展与表演、技术咨询与代办服务及其他劳务取得的所得。

5. 特许权使用费所得

特许权使用费所得，是指个人提供专利权、著作权、商标权、非专利技术及其他特许权的使用权取得的所得且不包括稿酬所得。比如，作者将自己的文字作品手稿原件或复印件公开拍卖取得的所得，应按特许权使用费所得项目计税。

6. 利息、股息、红利所得

利息、股息、红利所得，是指个人拥有债权、股权而取得的利息、股息、红利所得。利息是指个人的存款利息、贷款利息和购买各种债券的利息。股息，也称股利，是指股票持有人根据股份制公司[1]章程规定，凭股票定期从股份公司获得的投资收益。红利，也称公司分红，是指股份制公司或企业按股份分配超过股息部分的利润。如果股份制企业以股票形式向股东个人支付股息、红利，即派发红股，应以派发的股票面额为收入额计税。

7. 财产租赁所得

财产租赁所得，是指个人出租建筑物、土地使用权、机器设备、车船及其他财产取得的所得。其中，财产包括动产[2]和不动产[3]。

8. 财产转让所得

财产转让所得，是指个人转让有价证券[4]、股权[5]、建筑物、土地使用权、机器设备、车船及其他自有财产给他人或单位而取得的所得，包括转让不动产和动产而取得的所得。对个人股票买卖取得的所得暂不征税。

9. 偶然所得

偶然所得，是指个人取得的所得是非经常性的，属于各种机遇性所得，包括得奖、中奖、中彩及其他偶然性质的所得，如奖金、实物和有价证券等。个人购买社会福利有奖募捐奖券、中国体育彩票，对于一次性中奖收入不超过10 000元的，免征个人所得税；一次性中奖收入超过10 000元的，应以全额按

---

[1] 股份制公司是指三人或三人以上的利益主体，以集股经营的方式自愿结合的一种企业组织形式。
[2] 动产是指各种流动资产、各项长期投资和除不动产以外的各项固定资产。
[3] 不动产是指依照其物理性质不能移动或者移动将严重损害其经济价值的有体物。
[4] 有价证券是指标有票面金额，用于证明证券持有主体对特定财产拥有所有权或债权的凭证。
[5] 股权是指股东享有的，从公司获得经济利益，并参与公司经营管理的权利。

偶然所得项目计税。

根据财政部和国家税务总局联合发布的《关于个人取得有关收入适用个人所得税应税所得项目的公告》，增加了以下三种偶然所得：

（1）个人为单位或他人提供担保获得的收入。

（2）房屋产权所有人将房屋产权无偿赠与他人的，受赠人因无偿受赠房屋取得的受赠收入（符合"财税〔2009〕78号"第一条规定的除外）。

（3）企业在业务宣传、广告等活动中，随机向本单位以外的个人赠送礼品（包括网络红包，下同），以及企业在年会、座谈会、庆典及其他活动中向本单位以外的个人赠送礼品，个人取得的礼品收入，但企业赠送的具有价格折扣或折让性质的消费券、代金券、抵用券、优惠券等礼品除外。

个人取得的所得，如果难以定界应税所得项目的，应由主管税务机关审查确定。

6.2.3 个人所得税的纳税比较

我国的个人所得税纳税义务人分为居民纳税人和非居民纳税人。判定标准有二：一是在境内有无住所，二是在境内居住时间。旧个税法规定在中国境内有住所，或者无住所而在境内居住满一年的个人为居民纳税人；而新个税法规定在中国境内有住所，或者无住所而在一个纳税年度内在中国境内居住累计满183天的为居民纳税人。其中，第二个判定标准"境内居住时间"从一年变为累计满183天。关于纳税人类型的判断标准，新、旧个税法的对比如表6-7所示。

表6-7 纳税人类型的判断标准对比

纳税人类型	旧个税法	新个税法
居民纳税人	有住所	有住所
	无住所而在境内居住满一年	无住所而在一个纳税年度内在中国境内居住累计满183天
非居民纳税人	无住所又不居住	无住所又不居住
	无住所而在境内居住不满一年	无住所而在一个纳税年度内在中国境内居住累计不满183天

为了避免国内个税法与国际个税法的冲突，我国个税法采取了与国际个税法趋同的举措。在中国境内不论有无住所，在一个纳税年度内在中国境内居住累计满183天的个人，为居民个人（居民纳税人）；在中国境内无住所又不居住，或无住所而在一个纳税年度内在中国境内居住累计不满183天的个人，为非居民个人（非居民纳税人）。

纳税人有中国公民身份号码的，以公民身份号码为纳税人识别号；没有中国公民身份号码的，应在首次发生纳税义务时，由税务机关赋予其纳税人识别号。个人应当凭纳税人识别号实名办税。

无论居民个人是从中国境内还是从境外取得所得，都应依法缴纳个人所得税；非居民个人从中国境内取得的所得，应依法缴纳个人所得税。下列五种所得，不论支付地点是否在中国境内，均为来源于中国境内的所得：

（1）因任职、受雇、履约等在中国境内的劳务所得；

（2）将财产出租给承租人在中国境内使用而取得的所得；

（3）许可特许权在中国境内使用而取得的所得；

（4）转让中国境内的不动产等财产或者其他财产取得的所得；

（5）从中国境内企业、事业单位、其他组织及居民个人取得的利息、股息、红利所得。

实操笔记

【判断题】在中国境内不论有无住所，在一个纳税年度内在中国境内居住累计满180天的个人，为居民个人（居民纳税人）。（　　）

答案：错

6.3 个人所得税的纳税期限、地点及申报

小李是某企业的财税人员。通常情况下，职工按规定应缴纳的个税通常由企业代扣代缴，因此，小李需要帮助职工计算出需要缴纳的个税，然后按照相应的流程进行纳税。

6.3.1 个人所得税的纳税期限

根据个人所得的不同类型，在不同条件的纳税基础上，需要在对应的期限内缴纳税款，具体情形如表 6-8 所示。

表 6-8 不同类型个人所得的纳税期限

个人所得类型	纳税条件	纳税期限
居民个人综合所得	有扣缴义务人	由扣缴义务人按月或者按次预扣预缴税款，应当在次月 15 日内缴入国库，并向税务机关报送扣缴个人所得税申报表
	没有扣缴义务人	应当在取得所得的次月 15 日内向税务机关报送纳税申报表，并缴纳税款
	扣缴义务人未扣缴税款	纳税人应当在取得所得的次年 6 月 30 日前，缴纳税款；税务机关通知限期缴纳的，纳税人应当按照期限缴纳税款
	需要办理汇算清缴	应当在取得所得的次年 3 月 1 日至 6 月 30 日内办理汇算清缴
居民个人从中国境外取得所得		应当在取得所得的次年 3 月 1 日至 6 月 30 日内申报纳税

续表

个人所得类型	纳税条件	纳税期限
非居民个人工资、薪金所得，劳务报酬所得、稿酬所得和特许权使用费所得	有扣缴义务人	扣缴义务人按月或者按次代扣代缴税款，应当在次月15日内缴入国库，并向税务机关报送扣缴个人所得税申报表，不办理汇算清缴
	没有扣缴义务人	取得所得的次月15日内向税务机关报送纳税申报表，并缴纳税款
	扣缴义务人未扣缴税款	纳税人应当在取得所得的次年6月30日前，缴纳税款；税务机关通知限期缴纳的，纳税人应当按照期限缴纳税款
非居民个人在中国境内从两处以上取得工资、薪金所得		应当在取得所得的次月15日内申报纳税
纳税人取得经营所得	月度或者季度终了	在取得所得的15日内纳税申报预缴税款
	年度终了	在取得所得的次年3月31日前办理汇算清缴
纳税人利息、股息、红利所得，财产租赁所得，财产转让所得和偶然所得	有扣缴义务人	扣缴义务人按月或者按次预扣预缴税款，应当在次月15日内缴入国库，并向税务机关报送扣缴个人所得税申报表
	没有扣缴义务人	取得所得的次月15日内向税务机关报送纳税申报表，并缴纳税款
	扣缴义务人未扣缴税款	纳税人应当在取得所得的次年6月30日前，缴纳税款；税务机关通知限期缴纳的，纳税人应当按照期限缴纳税款
纳税人因移居境外注销中国户籍		在注销中国户籍前办理税款清算

2018年12月31日，由国家税务总局开发的个人所得税App软件的专项附加扣除信息填报功能正式上线使用。该系统的互联网Web端、扣缴客户端和税务大厅端的专项附加扣除信息填报功能也同时向社会开放。个人所得税App软件提供多种实名认证注册方式，保护隐私信息，此举让广大纳税人节省了大量的申报时间，在任何地方、任何时间都可以完成自己的税务申报义务，还能查询自己可以享受的税收优惠。

6.3.2 个人所得税的纳税地点

申报纳税的地点一般为收入来源地的税务机关，根据《个人所得税自行纳税申报办法（试行）》的规定，个人所得税的纳税申报地点分为以下两种。

1. 年所得 12 万元以上情形的纳税人纳税申报地点

（1）在中国境内有任职、受雇单位的，向任职、受雇单位所在地主管税务机关申报。

（2）在中国境内有两处或者两处以上任职、受雇单位的，选择并固定向其中一处单位所在地主管税务机关申报。

（3）在中国境内无任职、受雇单位，年所得项目中有个体工商户的生产、经营所得或者对企事业单位的承包经营、承租经营所得（以下统称生产、经营所得）的，向其中一处实际经营所在地主管税务机关申报。

（4）在中国境内无任职、受雇单位，年所得项目中无生产、经营所得的，向户籍所在地主管税务机关申报。在中国境内有户籍，但户籍所在地与中国境内经常居住地不一致的，选择并固定向其中一地主管税务机关申报。在中国境内没有户籍的，向中国境内经常居住地主管税务机关申报。

2. 其他取得所得的纳税人纳税申报地点

（1）从两处或者两处以上取得工资、薪金所得的，选择并固定向其中一处单位所在地主管税务机关申报。

（2）从中国境外取得所得的，向中国境内户籍所在地主管税务机关申报。在中国境内有户籍，但户籍所在地与中国境内经常居住地不一致的，选择并固定向其中一地主管税务机关申报。在中国境内没有户籍的，向中国境内经常居住地主管税务机关申报。

（3）个体工商户向实际经营所在地主管税务机关申报。

（4）个人独资[1]、合伙企业[2]投资者兴办两个或两个以上企业的，区分不

---

[1] 个人独资企业是指一人投资经营的企业，企业投资者对企业债务负无限责任，企业负责人是投资者本人。

[2] 合伙企业是指由各合伙人订立合伙协议，共同出资、共同经营、共享收益、共担风险，并对企业债务承担无限连带责任的营利性组织。

同情形确定纳税申报地点：兴办的企业全部是个人独资性质的，分别向各企业的实际经营管理所在地主管税务机关申报；兴办的企业中含有合伙性质的，向经常居住地主管税务机关申报；兴办的企业中含有合伙性质，个人投资者经常居住地与其兴办企业的经营管理所在地不一致的，选择并固定向其参与兴办的某一合伙企业的经营管理所在地主管税务机关申报。

（5）除以上情形外，纳税人应当向取得所得所在地主管税务机关申报。

纳税人不得随意变更纳税申报地点，因特殊情况变更纳税申报地点的，须报原主管税务机关备案。

6.3.3 个人所得税的纳税申报

个人所得税纳税申报表有个人所得税基础信息表（A 表、B 表）、个人所得税扣缴申报表、个人所得税自行纳税申报表（A 表）、个人所得税年度自行纳税申报表、个人所得税经营所得纳税申报表（A 表、B 表、C 表）、合伙制创业投资企业单一投资基金核算方式备案表、单一投资基金核算的合伙制创业投资企业个人所得税扣缴申报表。本节我们只介绍其中的几张表格。

1. 个人所得税基础信息表

个人所得税基础信息表分为 A 表、B 表两种。

（1）个人所得税基础信息表（A 表）

个人所得税基础信息表（A 表）如表 6-9 所示。本表适用于扣缴义务人办理全员全额扣缴申报时，填报其支付所得的纳税人的基础信息。扣缴义务人首次向纳税人支付所得，或者纳税人相关基础信息发生变化的，应填写本表，并于次月扣缴申报时向税务机关报送。表中带"*"项目分为必填和条件必填，其余项目为选填。

（2）个人所得税基础信息表（B表）

个人所得税基础信息表（B 表）如表 6-10 所示。本表适用于自然人纳税人基础信息的填报。自然人纳税人初次向税务机关办理相关涉税事宜时填报本表；初次申报后，以后仅需在信息发生变化时填报。表中带"*"的项目分为必填和条件必填，其余项目为选填。

表6-9 个人所得税基础信息表（A表）

扣缴义务人名称：

扣缴义务人纳税人识别号（统一社会信用代码）：□□□□□□□□□□□□□□□□□□

序号	纳税人基本信息					任职受雇从业信息				联系方式					银行账户		投资信息		其他信息		华侨、港澳台、外籍个人信息（带*必填）					备注
	*纳税人姓名	*身份证件类型	*身份证件号码	*出生日期	*国籍/地区	职务类型	学历	任职受雇从业日期	离职日期	手机号码	户籍所在地	经常居住地	联系地址	电子邮箱	开户银行	银行账号	投资额（元）	投资比例	是否残疾/孤老/烈属	残疾/烈属证号	*出生地	*性别	*首次入境时间	*预计离境时间	*涉税事由	
纳税人识别号	2	3	4	5	6	7	8	9	10	11	12	13	14	15	16	17	18	19	20	21	22	23	24	25	26	27	28	29
1																												

谨声明：本表是根据国家税收法律法规及相关规定填报的，是真实的、可靠的、完整的。

经办人签字：
经办人身份证件号码：
代理机构签章：
代理机构统一社会信用代码：

受理人：
受理税务机关（章）：
受理日期： 年 月 日

扣缴义务人（签章）： 年 月 日

国家税务总局监制

第6章　155
个人所得税：明明白白缴个税

表6-10　个人所得税基础信息表（B表）

纳税人识别号：□□□□□□□□□□□□□□□□□□

		基本信息（带*必填）		
基本信息	*纳税人姓名	中文名	英文名	
	*身份证件	证件类型一	证件号码	
		证件类型二	证件号码	
	*国籍/地区		*出生日期	年　月　日
联系方式	户籍所在地	省（区、市）　　　市　　　区（县）　　　街道（乡、镇）		
	经常居住地	省（区、市）　　　市　　　区（县）　　　街道（乡、镇）		
	联系地址	省（区、市）　　　市　　　区（县）　　　街道（乡、镇）		
	*手机号码		电子邮箱	
	开户银行		银行账号	
	学历	□研究生　□大学本科　□大学本科以下		
其他信息	特殊情形	□残疾　残疾证号　　　　　□烈属　烈属证号　　　　　□孤老		
		任职、受雇、从业信息		
任职受雇从业单位一	名称		国家/地区	
	纳税人识别号（统一社会信用代码）		任职受雇从业日期 年　月	离职日期 年　月
	类型	□雇员　□保险营销员 □证券经纪人　□其他	职务	□高层　□其他
任职受雇从业单位二	名称		国家/地区	
	纳税人识别号（统一社会信用代码）		任职受雇从业日期 年　月	离职日期 年　月

续表

任职、受雇、从业信息			
任职受雇从业单位二	类型	□雇员 □保险营销员 □证券经纪人 □其他	□高层 □其他
	职务		
	该栏仅由投资者纳税人填写		
被投资单位一	名称	国家/地区	
	纳税人识别号（统一社会信用代码）	投资额（元）	投资比例
被投资单位二	名称	国家/地区	
	纳税人识别号（统一社会信用代码）	投资额（元）	投资比例
	该栏仅由华侨、港澳台、外籍个人填写（带*必填）		
	*出生地	*首次入境时间 年 月 日	
	*性别	*预计离境时间 年 月 日	
	*涉税事由	□任职受雇 □提供临时劳务 □转让财产 □从事投资和经营活动 □其他	

谨声明：本表是根据国家税收法律法规及相关规定填报的，是真实的、可靠的、完整的。

受理人：

纳税人（签字）：　　　　年　月　日

经办人签字：
经办人身份证件号码：
代理机构签章：
代理机构统一社会信用代码：

受理税务机关（章）：
受理日期：　　　年　月　日

国家税务总局监制

2. 个人所得税扣缴申报表

个人所得税扣缴申报表适用于扣缴义务人向居民个人支付工资、薪金所得，劳务报酬所得，稿酬所得和特许权使用费所得的个人所得税全员全额预扣预缴申报；向非居民个人支付工资、薪金所得，劳务报酬所得，稿酬所得和特许权使用费所得的个人所得税全员全额扣缴申报；向居民个人和非居民个人支付利息、股息、红利所得，财产租赁所得，财产转让所得和偶然所得的个人所得税全员全额扣缴申报。

扣缴义务人应专门设立预扣预缴税收账簿，正确反映个人所得税的扣缴情况，如实填写本表及其他相关资料，在每月或每次预扣、代扣税款的次月15日内，将已扣税款缴入国库，并向税务机关报送本表。个人所得税扣缴申报表如表6-11所示。

表6-11 个人所得税扣缴申报表

税款所属期：　　年　月　日至　　年　月　日
扣缴义务人名称：
扣缴义务人纳税人识别号（统一社会信用代码）：　　　　金额单位：人民币元（列至角分）

序号	姓名	身份证件类型	身份证件号码	纳税人识别号	是否为非居民个人	所得项目	本月（次）情况													累计情况									税款计算						备注
							收入额计算			专项扣除				其他扣除						累计收入额	累计减除费用	累计专项扣除费用	累计专项附加扣除				累计其他扣除	减按计税比例	准予扣除的捐赠额	应纳税所得额	税率/扣除率	速算扣除数	应纳税额	减免税额	已缴税额	应补/退税额	
							收入	免税收入	减除费用	基本养老保险费	基本医疗保险费	失业保险费	住房公积金	年金	商业健康保险	税延养老保险	财产原值	允许扣除的税费	其他				子女教育	赡养老人	住房贷款利息	住房租金	继续教育										
1	2	3	4	5	6	7	8	9	10	11	12	13	14	15	16	17	18	19	20	21	22	23	24	25	26	27	28	29	30	31	32	33	34	35	36	37	38	39	40
合计																																							

谨声明：本表是根据国家税收法律法规及相关规定填报的，是真实的、可靠的、完整的。

扣缴义务人（签章）：　　　年　月　日

经办人签字：	受理人：
经办人身份证件号码：	
代理机构签章：	受理税务机关（章）：
代理机构统一社会信用代码：	受理日期：　年　月　日

国家税务总局监制

3. 个人所得税经营所得纳税申报表

个人所得税经营所得纳税申报表分为 A 表、B 表和 C 表三种。

（1）个人所得税经营所得纳税申报表（A 表）

个人所得税经营所得纳税申报表（A 表）如表 6-12 所示。本表由查账征收和核定征收的个体工商户业主、个人独资企业投资人、合伙企业个人合伙人、承包承租经营者个人及其他从事生产、经营活动的个人在中国境内取得经营所得，办理个人所得税预缴纳税申报时，向税务机关报送。合伙企业有两个或者两个以上个人合伙人的，应分别填报本表。纳税人应在月度或季度终了后 15 日内，向税务机关办理预缴纳税申报。

表 6-12　个人所得税经营所得纳税申报表（A 表）

税款所属期：　　年　月　日至　　年　月　日

纳税人姓名：

纳税人识别号：□□□□□□□□□□□□□□□□□□　　金额单位：人民币元（列至角分）

被投资单位信息		
名称			
纳税人识别号（统一社会信用代码）	□□□□□□□□□□□□□□□□□□	
征收方式（单选）		
□查账征收（据实预缴）　　□查账征收（按上年应纳税所得额预缴） □核定应税所得率征收　　□核定应纳税所得额征收　　□税务机关认可的其他方式		
个人所得税计算		
项目	行次	金额/比例
一、收入总额	1	
二、成本费用	2	
三、利润总额（第 3 行 = 第 1 行 - 第 2 行）	3	
四、弥补以前年度亏损	4	
五、应税所得率（%）	5	
六、合伙企业个人合伙人分配比例（%）	6	
七、允许扣除的个人费用及其他扣除（第 7 行 = 第 8 行 + 第 9 行 + 第 14 行）	7	
（一）投资者减除费用	8	
（二）专项扣除（第 9 行 = 第 10 行 + 第 11 行 + 第 12 行 + 第 13 行）	9	
1. 基本养老保险费	10	
2. 基本医疗保险费	11	
3. 失业保险费	12	
4. 住房公积金	13	

续表

项目	行次	金额/比例
（三）依法确定的其他扣除（第14行＝第15行＋第16行＋第17行）	14	
1.	15	
2.	16	
3.	17	
八、准予扣除的捐赠额（附报《个人所得税公益慈善事业捐赠扣除明细表》）	18	
九、应纳税所得额	19	
十、税率（%）	20	
十一、速算扣除数	21	
十二、应纳税额（第22行＝第19行×第20行－第21行）	22	
十三、减免税额（附报《个人所得税减免税事项报告表》）	23	
十四、已缴税额	24	
十五、应补/退税额（第25行＝第22行－第23行－第24行）	25	
备注		

谨声明：本表是根据国家税收法律法规及相关规定填报的，本人对填报内容（附带资料）的真实性、可靠性、完整性负责。

纳税人签字： 年 月 日

经办人签字：	受理人：
经办人身份证件类型：	
经办人身份证件号码：	受理税务机关（章）：
代理机构签章：	
代理机构统一社会信用代码：	受理日期： 年 月 日

国家税务总局监制

(2) 个人所得税经营所得纳税申报表（B表）

个人所得税经营所得纳税申报表（B表）如表6-13所示。本表适用于个体工商户业主、个人独资企业投资人、合伙企业个人合伙人、承包承租经营者个人及其他从事生产、经营活动的个人在中国境内取得经营所得，且实行查账征收的，在办理个人所得税汇算清缴纳税申报时，向税务机关报送。合伙企业有两个或者两个以上个人合伙人的，应分别填报本表。纳税人应在取得经营所得的次年3月31日前，向税务机关办理汇算清缴。

表6-13 个人所得税经营所得纳税申报表（B表）

税款所属期：　　年　月　日至　　年　月　日

纳税人姓名：

纳税人识别号：□□□□□□□□□□□□□□□□□□　　金额单位：人民币元（列至角分）

被投资单位信息	名称		纳税人识别号（统一社会信用代码）		
项目				行次	金额/比例
一、收入总额				1	
其中：国债利息收入				2	
二、成本费用（3=4+5+6+7+8+9+10）				3	
（一）营业成本				4	
（二）营业费用				5	
（三）管理费用				6	
（四）财务费用				7	
（五）税金				8	
（六）损失				9	
（七）其他支出				10	
三、利润总额（11=1-2-3）				11	
四、纳税调整增加额（12=13+27）				12	
（一）超过规定标准的扣除项目金额（13=14+15+16+17+18+19+20+21+22+23+24+25+26）				13	
1. 职工福利费				14	
2. 职工教育经费				15	
3. 工会经费				16	
4. 利息支出				17	
5. 业务招待费				18	
6. 广告费和业务宣传费				19	
7. 教育和公益事业捐赠				20	
8. 住房公积金				21	
9. 社会保险费				22	
10. 折旧费用				23	
11. 无形资产摊销				24	
12. 资产损失				25	
13. 其他				26	
（二）不允许扣除的项目金额（27=28+29+30+31+32+33+34+35+36）				27	
1. 个人所得税税款				28	

续表

项目	行次	金额/比例
2. 税收滞纳金	29	
3. 罚金、罚款和被没收财物的损失	30	
4. 不符合扣除规定的捐赠支出	31	
5. 赞助支出	32	
6. 用于个人和家庭的支出	33	
7. 与取得生产经营收入无关的其他支出	34	
8. 投资者工资薪金支出	35	
9. 其他不允许扣除的支出	36	
五、纳税调整减少额	37	
六、纳税调整后所得（38=11+12-37）	38	
七、弥补以前年度亏损	39	
八、合伙企业个人合伙人分配比例（%）	40	
九、允许扣除的个人费用及其他扣除（41=42+43+48+55）	41	
（一）投资者减除费用	42	
（二）专项扣除（43=44+45+46+47）	43	
1. 基本养老保险费	44	
2. 基本医疗保险费	45	
3. 失业保险费	46	
4. 住房公积金	47	
（三）专项附加扣除（48=49+50+51+52+53+54）	48	
1. 子女教育	49	
2. 继续教育	50	
3. 大病医疗	51	
4. 住房贷款利息	52	
5. 住房租金	53	
6. 赡养老人	54	
（四）依法确定的其他扣除（55=56+57+58+59）	55	
1. 商业健康保险	56	
2. 税延养老保险	57	
3.	58	
4.	59	
十、投资抵扣	60	
十一、准予扣除的个人捐赠支出	61	
十二、应纳税所得额（62=38-39-41-60-61）或 [62=（38-39）×40-41-60-61]	62	

续表

项目	行次	金额/比例
十三、税率（%）	63	
十四、速算扣除数	64	
十五、应纳税额（65=62×63-64）	65	
十六、减免税额（附报《个人所得税减免税事项报告表》）	66	
十七、已缴税额	67	
十八、应补/退税额（68=65-66-67）	68	
谨声明：本表是根据国家税收法律法规及相关规定填报的，是真实的、可靠的、完整的。 纳税人签字：　　年　月　日		
经办人： 经办人身份证件号码： 代理机构签章： 代理机构统一社会信用代码：	受理人： 受理税务机关（章）： 受理日期：　　年　月　日	
国家税务总局监制		

（3）个人所得税经营所得纳税申报表（C表）

个人所得税经营所得纳税申报表（C表）如表6-14所示。本表由个体工商户业主、个人独资企业投资人、合伙企业个人合伙人、承包承租经营者个人及其他从事生产、经营活动的个人在中国境内两处以上取得经营所得，办理合并计算个人所得税的年度汇总纳税申报时，向税务机关报送。纳税人从两处以上取得经营所得，应当于取得所得的次年3月31日前办理年度汇总纳税申报。

表6-14　个人所得税经营所得纳税申报表（C表）

税款所属期：　　年　月　日至　　年　月　日

纳税人姓名：

纳税人识别号：□□□□□□□□□□□□□□□□□□　　金额单位：人民币元（列至角分）

被投资单位信息	单位名称		纳税人识别号（统一社会信用代码）	投资者应纳税所得额
被投资单位信息	汇总地			
被投资单位信息	非汇总地	1		
被投资单位信息	非汇总地	2		
被投资单位信息	非汇总地	3		
被投资单位信息	非汇总地	4		
被投资单位信息	非汇总地	5		

续表

项目	行次	金额/比例
一、投资者应纳税所得额合计	1	
二、应调整的个人费用及其他扣除（2=3+4+5+6）	2	
（一）投资者减除费用	3	
（二）专项扣除	4	
（三）专项附加扣除	5	
（四）依法确定的其他扣除	6	
三、应调整的其他项目	7	
四、调整后应纳税所得额（8=1+2+7）	8	
五、税率（%）	9	
六、速算扣除数	10	
七、应纳税额（11=8×9-10）	11	
八、减免税额（附报《个人所得税减免税事项报告表》）	12	
九、已缴税额	13	
十、应补/退税额（14=11-12-13）	14	

谨声明：本表是根据国家税收法律法规及相关规定填报，是真实的、可靠的、完整的。

纳税人签字： 年 月 日

经办人：	受理人：
经办人身份证件号码：	
代理机构签章：	受理税务机关（章）：
代理机构统一社会信用代码：	受理日期： 年 月 日

国家税务总局监制

实操笔记

【判断题】纳税人可以通过由国家税务总局开发的个人所得税 App 软件来查询自己可以享受的税收优惠。（ ）

答案：对

第 7 章

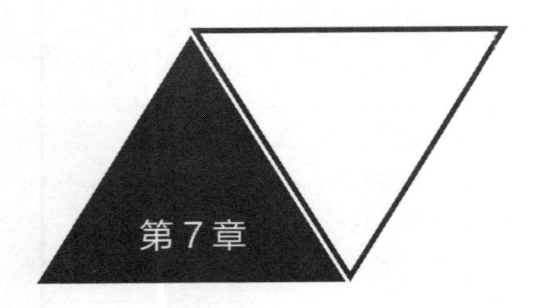

财产税：提高财产使用效果

房产税、车船税、契税和车辆购置税，是企业可能需要缴纳的一些税种，在涉及房产交易、车船管理及其他经济活动时，须缴纳相应税款。企业财税人员应当掌握这四个税种的相关知识。

7.1 房产税

为了丰富员工的午休生活，老白想在工厂附近建造一个室内游泳池。他就此事与财税人员小林商量。小林提出将泳池建为露天型的建议，老白却认为泳池在室内不容易受到天气的影响。小林解释道："将泳池建为露天型，可以为公司省下一笔房产税。"

建造同一个游泳池，露天型与室内型却在房产税的缴纳上存在巨大差异，究竟房产税的纳税范围与纳税依据是如何确定的呢？本节我们将详细介绍房产税的相关内容。

7.1.1 房产税综述

房产税是以房屋为征税对象，按照房屋的计税余值或租金收入对产权所有人征收的一种财产税。征收房产税有利于稳定房地产市场预期[1]，不仅可以调节财富分配，实现社会公平，还可以节约土地、房产这类重要的社会资源。

1. 房产税的纳税人

凡在我国境内拥有房屋产权的单位和个人均为房产税的纳税人。产权属于国家所有的房产，其经营管理单位和个人为纳税人；产权已出典的房产，承典人[2]为纳税人；产权所有人[3]、承典人不在房产所在地，或产权未确定、租典[4]纠纷未解决的房产，房产代管人[5]或使用人[6]为纳税人。

---

[1] 稳定房地产市场预期：2020年4月中旬的金融统计数据会议中，央行明确表态要实现房地产的"三稳定"（稳地价、稳房价、稳预期），其中"稳预期"，即以保持当地房地产经济的稳定性为首要目标。
[2] 承典人：财产典、押的承受人。
[3] 产权所有人：在法律规定范围内对自己的财产（如房屋、土地）享有占有、使用、收益和处分权利的人。产权人和产权所有人是一个概念，都是产权拥有者。
[4] 租典：把土地或房子给别人用，换取对方的资金给自己用，到约定期时，归还对方的资金，赎回自己的土地或房子。
[5] 房产代管人：房屋所有人因不在房屋所在地或因其他原因不能管理其房屋时，可出具委托书委托代理人代为管理其房产，这个代理人就是房产代管人。
[6] 使用人：房屋使用人，对目标房产及其附属物有合法使用权的公民或法人。

2. 房产税的纳税范围

房产税的纳税范围是指开征房产税的地区。

《中华人民共和国房产税暂行条例》规定，房产税在城市、县城、建制镇和工矿区征收，不涉及农村，且仅限于经营性房产。城市、县城、建制镇、工矿区的具体征税范围，由各省、自治区、直辖市人民政府确定。

3. 房产税的计税依据

房产税的计税依据分为两种，根据计税依据的不同，有以下两种计征方式。

（1）从价计征

按照房产余值[1]征税的，称为从价计征。

房产税依照房产原值[2]一次减除10%～30%后的余值计算缴纳。扣除比例由省、自治区、直辖市人民政府在税法规定的减除幅度内自行确定。

这样规定既有利于各地区因地制宜地确定计税余值，也有利于平衡各地税收负担，简化计算手续，提高征管效率。

（2）从租计征

出租房产[3]须以房产租金收入为计税依据缴纳房产税，即从租计征。

其中，对于房产出租的，以下两种情况需要特殊说明：

▶对投资联营[4]的房产，在计征房产税时应区别对待。共担风险的，按房产余值作为计税依据计征房产税；一方收取固定收入的，应由出租方按租金收入计缴房产税。

▶对融资租赁[5]房屋的情况，在计征房产税时应以房产余值计算征收，租赁期内房产税的纳税人，由当地税务机关根据实际情况确定。

---

[1] 房产余值：房产原值一次性减去一定价值后的余额。
[2] 房产原值：房产的原始入账价值。
[3] 出租房产：由房屋的所有者或经营者将其所有或经营的房屋交给房屋的消费者使用，房屋消费者通过定期交付一定数额的租金，取得房屋的占有和使用权利的房产。
[4] 投资联营：投资企业为获得联营企业的权益所进行的投资，投资占被投资企业资本比例在20%以上（含20%），且按权益法计算的投资企业。
[5] 融资租赁：出租人根据承租人（用户）的请求，与第三方（供货商）订立供货合同，根据此合同，出租人出资向供货商购买承租人选定的设备。同时，出租人与承租人订立一项租赁合同，将设备出租给承租人，并向承租人收取一定的租金。

第7章　167
财产税：提高财产使用效果

> **纳税小课堂**
>
> 对按照房产原值计税的房产，房产原值应包含地价，包括为取得土地使用权而支付的价款、开发土地发生的成本费用等。
>
> 宗地容积率低于0.5的，按房产建筑面积的2倍计算土地面积，并以此确定计入房产原值的地价。
>
> 与地上房屋相连的地下建筑，如房屋的地下室、地下停车场、商场的地下部分等，应将地下部分与地上房屋视为一个整体，按照地上房屋建筑的有关规定计算缴纳房产税。
>
> 宗地容积率，即地块上的建筑物总面积与地面面积的比率。一般来讲，宗地容积率越高，建筑物越高。

7.1.2　房产税的税率及计算

根据房产实际作用的不同，房产税的计算规则略有差异。在特定情况下，我国对房产税有相应的减免政策。下面我们将详细介绍房产税在不同情况下的计算规则。

1. 房产税的税率

房产税采用比例税率。按房产余值计征的，税率为1.2%；按租金收入计征的，税率为12%。

其中，针对以租金收入计征的房产，若是对个人按市场价格出租的居民住房，用于居住的，可暂减按4%的税率征收房产税。

2. 房产税的减免政策

根据《中华人民共和国房产税暂行条例》（以下简称《条例》）第五条的规定及"高校学生公寓免征房产税"政策，下列房产可免纳房产税：

▶国家机关、人民团体、军队自用的房产；
▶由国家财政部门拨付事业经费的单位自用房产；

▲自2019年1月1日至2021年12月31日，对高校学生公寓免征房产税；

▲宗教寺庙、公园、名胜古迹自用的房产；

▲个人所有非营业用的房产；

▲经财政部批准免税的其他房产。

除上述房产外，根据《条例》第六条的规定："除本条例第五条规定者外，纳税人纳税确有困难的，可由省、自治区、直辖市人民政府确定，定期减征或者免征房产税。"

此外，房地产开发企业建造的商品房，在售出前免纳房产税，但在售出前本企业已使用、出租、出借的商品房，应按规定缴纳房产税。

3. 房产税的确认计量

房产税按年计算，分期（月、季、半年）缴纳。

应纳税房产有以下三类：

▲购置新建商品房、存量房；

▲出租、出借房产；

▲房地产开发企业自用、出租、出借自建商品房。

以上应纳税房产自交付使用或办理权属转移之次月起，计缴房产税和城镇土地使用税。

纳税人因房产、土地的实物或权利状态发生变化，而依法终止房产税与城镇土地使用税纳税义务的，其应纳税款的计算应截至房产、土地的实物或权利状态发生变化的当月末。

4. 房产税的计算公式

房产税的基本计算公式为：

应交房产税＝房产评估值×适用税率

在纳税实务中，房产税有以下两种计算方法：

▲从价计征，按房产原值一次减除10%～30%后的余值计算，计算公式为：

应交房产税＝房产账面原值×（1－一次性减除率）×适用税率（1.2%）

▲从租计征，按租金收入计算，计算公式为：

应交房产税＝年租金收入×适用税率（12%）

在实际计算中，注意不要遗漏对宗地容积率的计算与判断。

纳税小课堂

在房产税的计算中，对于自用地下建筑，不同用途的房产虽然应交房产税的计算公式不变，但公式中的应税房产原值有不同的计算规则，其中：

工业用途房产，以房屋原价的50%～60%为应税房产原值；

商业和其他用途房产，以房屋原价的70%～80%为应税房产原值。

实操笔记

【计算题】A公司欲新开一条生产线，于2020年1月以9 800万元购得一块7万平方米的空地，用于新生产线的厂房建设。计划厂房建筑面积14万平方米，建筑成本7 000万元，将于年底交付使用。当地房产税减除比例为25%。由于新建厂房的宗地容积率为2（14万平方米/7万平方米），大于0.5，所以将地价款原款计入房产原值即可。请计算A公司2020年应交房产税。

答案：2020年应交房产税=（9 800+7 000）×（1-25%）×1.2%=151.2（万元）

7.2 车船税

老李打算买一辆汽车,在两款车中犹豫不决,不知该选哪一款好。此时,老李的儿子询问两辆车的排气量,并建议老李选择排气量小的那款。老李以为儿子在考虑油费,摇摇头道:"排气量对耗油量没啥大影响,何况这两款车一款为 2.5 升,一款为 2.6 升,没差多少,省不下多少钱。"

儿子笑着解释道:"爸,我说的可不是省油费,这 0.1 升排气量的差距,省下的可是车船税!"

汽车排气量对车船税的征收有怎样的影响呢? 0.1 升的排气量差距真的能为我们节省一笔车船税支出吗?本节我们将为大家详细解答车船税的相关问题。

7.2.1 车船税综述

车船税是对在我国境内规定车辆和船舶的所有人或管理人征收的一种财产税,有利于车船管理与合理配置,并且统一了原来的车船使用税和车船使用牌照税,解决了内、外资企业车船税制长期不统一的问题。

1. 车船税的纳税人和扣缴义务人

在我国境内,车辆、船舶(以下简称"车船")的所有人或者管理人,为车船税的纳税人。从事机动车第三者责任强制保险业务的保险机构,为机动车车船税的扣缴义务人。

扣缴义务人应当在收取保险费时依法代收车船税,并出具代收税款凭证[1]。

2. 车船税的计税依据

车船税属于财产税类,本应按其价值采用比例税率计税,但鉴于车船种类繁多、变动频繁,如果每次都按其价格或评估价值计税,难度大,不易操作,

---

[1] 代收税款凭证:扣缴义务人在代收车船税时,可在机动车交通事故责任强制保险的保险单及保费发票上注明已收税款信息,作为代收税款凭证。

因此采用从量定额计税，具体适用税额我们将在后文中进行详细介绍。

车船税的计税依据包括车船的排气量、净吨位、核定载客人数、艇身长度、整备质量和千瓦等。在纳税实务中，车船税的计税依据应以车船登记管理部门核发的车船登记证书或者行驶证上的相关数据为准。

> **纳税小课堂**
>
> 财税人员在明确车船税计税依据的时候，应注意以下两种特殊情况：
>
> 第一种情况，依法不需要办理登记、应依法登记而未办理登记，或者不能提供车船登记证书与行驶证的车船，以车船出厂合格证明或者进口凭证上标注的技术参数、数据为计税依据；
>
> 第二种情况，不能提供车船出厂合格证明或者进口凭证的车船，由主管税务机关参照国家相关标准核定计税依据。若没有国家相关标准，则须参照同类车船核定计税依据。

3. 车船税的纳税期限与纳税地点

车船税按年申报，分月计算，一次性缴纳。纳税年度为公历1月1日至12月31日。

车船税的纳税地点为车船的登记地或者车船税扣缴义务人所在地。依法不需要办理登记的车船，车船税的纳税地点为车船所有人或者管理人所在地。

7.2.2　车船税的计算规则

车船税实行定额税率，即对征税的车船规定单位固定税额。它是税率的一种特殊形式，计算简便，适宜从量计征。财税人员在计算车船税时，应首先明确车船税的税额。

1. 车船税的税额

车船税税目税额表明确规定了车船税的税目和年基准税额幅度，如表 7-1 所示。各省、自治区、直辖市人民政府可以在规定的税额幅度内确定车船的具体适用税额。

表 7-1　车船税税目税额表

税目		计税单位	年基准税额（元）	备注
乘用车按发动机气缸容量（排气量）分档	1.0 升（含）以下的	每辆	60～360	核定载客人数 9 人（含）以下
	1.0 升以上至 1.6 升（含）		300～540	
	1.6 升以上至 2.0 升（含）		360～660	
	2.0 升以上至 2.5 升（含）		660～1 200	
	2.5 升以上至 3.0 升（含）		1 200～2 400	
	3.0 升以上至 4.0 升（含）		2 400～3 600	
	4.0 升以上的		3 600～5 400	
商用车	客车	每辆	480～1 440	核定载客人数 9 人（包括电车）
	货车	整备质量每吨	16～120	包括半挂牵引车、挂车、客货两用汽车、三轮汽车和低速载货汽车；挂车按照货车税额的 50% 计算
其他车辆	专用作业车	整备质量每吨	16～120	不包括拖拉机
	轮式专用机械车	整备质量每吨	16～120	
摩托车		每辆	36～180	
船舶	机动船舶	净吨位每吨	3～6	拖船、非机动驳船分别按机动船舶税额的 50% 计算，游艇的税额另行规定
	游艇	艇身长度每米	600～2 000	

2. 车船税的减免

车船税在特定类别及特殊情况下，有相应的减免政策，目前我国对车船税的减免优惠主要集中在以下两个方面：

（1）法定减免

▶ 捕捞、养殖渔船，即在渔业船舶登记管理部门登记为捕捞船或者养殖船的船舶。

▶ 军队、武装警察部队专用的车船，即按照规定在军队、武装警察部队车船管理部门登记，并领取军队、武警牌照的车船。

▶ 警用车船，即公安机关、国家安全机关、监狱、劳动教养管理机关和人民法院、人民检察院领取警用牌照的车辆，以及执行警务的专用船舶。

▶ 依照法律规定应当予以免税的外国驻华使领馆、国际组织驻华代表机构及其有关人员的车船。

▶ 对符合标准的节能车船，减半征收车船税；对符合标准的新能源车船，免征车船税。

▶ 省、自治区、直辖市人民政府根据当地实际情况，可以对公共交通车船、农村居民拥有并主要在农村地区使用的摩托车、三轮汽车和低速载货汽车定期减征或者免征车船税。

（2）特定减免

▶ 经批准临时入境的外国车船和我国香港特别行政区、澳门特别行政区、台湾地区的车船，不征收车船税。

▶ 按照规定缴纳船舶吨税的机动船舶，自车船税法实施之日起5年内免征车船税。

▶ 依法不需要在车船登记管理部门登记的机场、港口、铁路站场内部行驶或作业的车船，自车船税法实施之日起5年内免征车船税。

对受严重自然灾害影响纳税困难，以及由于其他特殊原因确需减税、免税的企业，可以减征或者免征车船税，具体办法由国务院规定，并报全国人民代表大会常务委员会备案。

> **纳税小课堂**
>
> 车船税确定税额的原则：非机动车船的税负轻于机动车船；人力车的税负轻于畜力车；小吨位船舶的税负轻于大船舶。这些原则及节能、新能源车船的车船税优惠政策对我国环保事业有很大的推进作用。
>
> 关于节能、新能源车船的车船税优惠政策，可以参考国家税务总局发布的《关于节能新能源车船享受车船税优惠政策的通知》（财税〔2018〕74号）。

3. 车船税的确认计量

车船税纳税义务发生时间为取得车船所有权或者管理权的当月，以购买车船的发票或者其他证明文件所载日期为准。

其中，纳税人在购车缴纳交强险[1]时，由保险机构代收代缴车船税。

4. 车船税的计算公式

在确认车船税各元素的对象及范围后，就可以对车船税进行计算了。企业财税人员在计算车船税应纳税额时，应根据以下四种情况分别计算：

（1）乘用车、商用车（客车）、摩托车

应交车船税＝应税车辆数×单位税额

（2）商用车（货车）、挂车、其他车辆

应交车船税＝整备质量吨数×单位税额

（3）船舶（机动船舶）

应交车船税＝净吨位数×单位税额

（4）新购置的车船在购置当年的应纳税额应自纳税义务发生的当月起，按月计算

---

[1] 交强险：全称"机动车交通事故责任强制保险"，是由保险公司对被保险机动车发生道路交通事故造成受害人（不包括本车人员和被保险人）的人身伤亡、财产损失，在责任限额内予以赔偿的强制性责任保险。

当年实际应纳税额为年应纳税额除以 12 再乘以应纳税月份数。

若企业拥有不同种类的车辆，应先分别计算不同车辆的车船税应纳税额，然后再将所有金额相加。

实操笔记

【计算题】甲运输公司拥有挂车 15 辆、商用客车 25 辆、运输船 3 艘。其中，挂车整备质量为每辆 7 吨，运输船净吨位数为每艘 20 000 吨。当地挂车整备质量每吨征收车船税 65 元，商用客车每辆征收车船税 1 000 元，机动船舶净吨位每吨征收 4 元。请计算甲运输公司应交车船税。

答案：挂车应交车船税 =15×7×65=6 825（元）

商用客车应交车船税 =25×1 000=25 000（元）

运输船应交车船税 =3×20 000×4=240 000（元）

因此，甲公司应交车船税合计 271 825 元（6 825+25 000+240 000）。

7.3 契税

上个月，王医生购买福利彩票中奖，奖金额度为 400 万元。王医生准备在 B 市为他的女儿购买第二套改善性住房，该房屋面积 100 平方米，市场价值约 200 万元。购房的手续繁杂，并且需要缴纳多项税款，王医生对此颇感困惑。

于是，王医生咨询了他的朋友张会计。张会计对这方面税务知识非常了解，他详细地为王医生介绍了购买房产需要缴纳的税种，主要为契税。本节我们将围绕契税的相关知识展开。

7.3.1 契税综述

《中华人民共和国契税法（草案）》于 2019 年 12 月 23 日提请全国人大常委会会议审议，草案维持现行国家机关、事业单位、社会团体、军事单位用于办公、教学、医疗、科研、军事设施的土地、房屋免税的规定，将现行有关文件规定的税收优惠政策上升为法律。由此可见，国家和政府对契税的重视程度有了明显提升。

为了了解契税，我们可以从契税的纳税人和征收范围两方面入手。

1. 契税的纳税人

契税是以境内权属发生转移的不动产（土地、房屋）为征税对象，以当事人双方签订的合同契约为依据，向产权承受人一次性征收的一种财产税。

买卖、典当[1]、赠与、交换房产的当事人双方订立契约后的承受人为契税的纳税人。买卖契约的纳税人为买者；房产典当的纳税人为承典人；房产赠与的纳税人为受赠人。

---

[1] 典当是指当户将其动产、财产权利作为当物质押或者将其房地产作为当物抵押给典当行，交付一定比例费用，取得当金，并在约定期限内支付当金利息、偿还当金、赎回当物的行为。

2. 契税的征收范围

契税的征收范围主要集中在转移土地和房屋权属的相关事宜上，如表 7-2 所示。

表 7-2 契税的征收范围

	类别	解释
契税的征收范围	国有土地使用权出让	国家按照土地所有权与使用权相分离的原则，以国有土地所有者的身份将一定地块的国有土地使用权有期限地让与土地使用者，并向土地使用者收取土地使用金
	土地使用权转让	下列转移方式视同土地使用权转让： 以获奖、预购、预付集资建房款或者转移无形资产方式承受土地权属； 建设工程转让时发生土地使用权转移
	房屋买卖	以下几种特殊情况视同房屋买卖： 以房产抵债或实物交换房屋，应由产权承受人按房屋现值缴纳契税； 以房产作投资或作股权转让，以自有房产作股投入本人经营企业，免纳契税； 买房拆料或翻建新房，应照章纳税
	房屋赠与	房屋的受赠人要按规定缴纳契税；以获奖方式取得房屋产权的，应缴纳契税
	房屋交换	双方交换价值相等的，免纳契税；价值不相等的，按超出部分由支付差价方缴纳契税

其中，土地使用权转让包括出售、赠与和交换，不包括农村集体土地承包经营权的转移。

在契税的征税实践中，对于某些特定情况，国家实行减免政策。契税的减免政策如表 7-3 所示。

表 7-3 契税的减免政策

	层面	减免政策
契税的减免政策	国家及政府层面	国家机关、事业单位、社会团体、军事单位承受土地、房屋用于办公、教学、医疗、科研和军事设施的,免征契税
		土地、房屋被县级以上人民政府征用、占用后,重新承受土地、房屋权属的,是否减征或者免征契税,由省、自治区、直辖市人民政府确定
	纳税个体层面	城镇职工按规定第一次购买公有住房的,免征契税。 注:第一次购买公有住房是指经县级以上人民政府批准,在国家法规标准面积以内购买的公有住房;但是超过国家法规标准面积的部分,仍须按规定缴纳契税
		纳税人承受荒山、荒沟、荒丘、荒滩土地使用权,并用于农、林、牧、渔业生产的,免征契税
		个人购买家庭(家庭成员包括购房人、配偶及未成年子女,下同)唯一住房及个人购买家庭第二套改善性住房,面积在90平方米及以下的,减按1%的税率征收;面积在90平方米以上的,减按2%的税率征收
	国际层面	依照我国有关法律规定以及我国缔结或参加的双边和多边条约或协定的规定,应当予以免税的外国驻华使馆、领事馆、联合国驻华机构及其外交代表、领事官员和其他外交人员承受土地、房屋权属的,经外交部确认,可以免征契税
	其他	因不可抗力灭失住房而重新购买住房的,酌情准予减征或者免征契税

我国在契税的减免方面已经制定了较为全面和完整的减免政策,尤其是在对居民的生产和生活方面,有着较大的优惠力度。

7.3.2 契税的计税依据、税率及计算

契税的计税依据为不动产的价格。由于土地、房屋权属转移方式不同,定价方法不同,因而具体的计税依据视不同情况而定。

1. 契税的计税依据

契税的计税依据如图7-1所示。

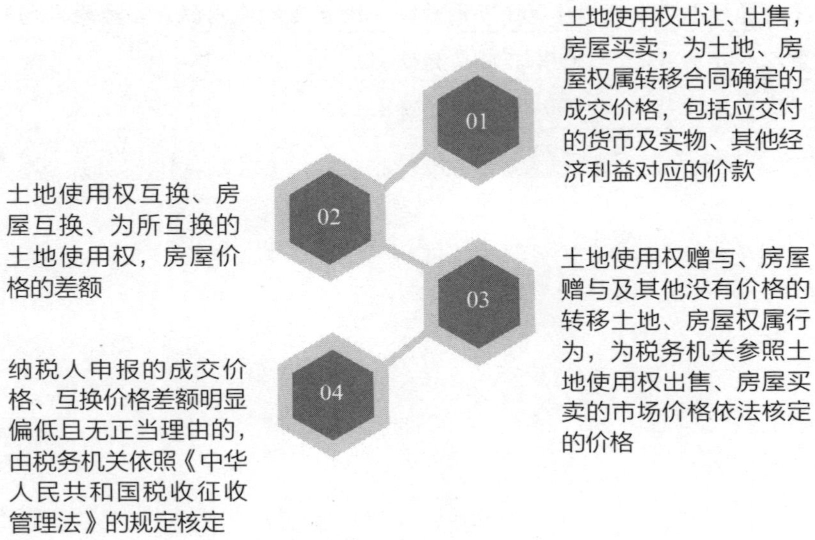

01 土地使用权出让、出售，房屋买卖，为土地、房屋权属转移合同确定的成交价格，包括应交付的货币及实物、其他经济利益对应的价款

02 土地使用权互换、房屋互换、为所互换的土地使用权，房屋价格的差额

03 土地使用权赠与、房屋赠与及其他没有价格的转移土地、房屋权属行为，为税务机关参照土地使用权出售、房屋买卖的市场价格依法核定的价格

04 纳税人申报的成交价格、互换价格差额明显偏低且无正当理由的，由税务机关依照《中华人民共和国税收征收管理法》的规定核定

图7-1 契税的计税依据

契税的计税依据（成交价格）不含增值税；若免征增值税，则其成交价格、租金收入、转让房地产收入不得扣减增值税。若成交价格明显低于市场价格且无正当理由，或者所交换土地使用权、房屋的价格差额明显不合理且无正当理由，则由税务机关参照市场价格核定其计税依据（不含增值税）。

2. 契税的税率及计算

契税实行3%～5%的幅度税率。实行幅度税率是因为中国经济发展不平衡，各地经济差别较大。各省、自治区、直辖市人民政府可以在3%～5%的幅度税率规定范围内，按照该地区的实际情况决定税率的多少。

应纳契税税额以人民币为计算单位。转移土地、房屋权属以外汇结算的，按照纳税义务发生之日中国人民银行公布的人民币市场汇率中间价折合成人民币计算。

契税采用比例税率。当计税依据确定以后，应纳税额的计算比较简单。契税应纳税额的计算公式为：

应交契税 = 计税依据 × 税率

实操笔记

【计算题】某企业以1 000万元购得一块土地的使用权,当地规定的契税税率为3%,请计算其应交契税。

答案:应交契税=1 000×3%=30(万元)

7.4 车辆购置税

小张刚刚参加工作。为了上班更加方便，他于 2019 年 10 月 1 日购置一辆排气量为 125 毫升的摩托车。小张听说购买摩托车也要申报缴纳车辆购置税，他应该去哪里申报纳税呢？充满疑惑的小张在网络上咨询了会计师，终于得到了答案。

按照自 2019 年 7 月 1 日起实施的《中华人民共和国车辆购置税法》的规定，排气量在 150 毫升（含）以下的摩托车，不属于车辆购置税的征收范围，因此小张不用缴纳车辆购置税。在其他需要缴纳车辆购置税的情形下，纳税人应该向车辆登记地的主管税务机关申报纳税。

7.4.1 车辆购置税综述

2018 年 12 月 29 日第十三届全国人民代表大会常务委员会第七次会议通过了《中华人民共和国车辆购置税法》，自 2019 年 7 月 1 日起施行。该法进一步规范了税费关系，完善了交通基础设施维护和建设资金筹集方式，促进了汽车工业及道路、水路等相关事业的健康发展。

下面我们从车辆购置税的纳税人、减免政策和申报流程三个方面来介绍车辆购置税。

1. 车辆购置税的纳税人

车辆购置税的纳税人为我国境内购置汽车、有轨电车、汽车挂车、排气量超过150毫升的摩托车（以下统称"应税车辆"）的单位和个人。其中，购置包括购买、进口、自产、受赠、获奖或以其他方式取得并自用应税车辆的行为。

2. 车辆购置税的减免政策

减免特定车辆的购置税有利于提高低排量汽车的市场占有率，符合国家公共用车的需要，有利于社会稳定，保证社会快速协调发展和健康运行。车辆购置税的减免政策如表7-4所示。

表7-4 车辆购置税的减免政策

类型	层面	减免政策
车辆购置税的减免政策	国家及政府层面	中国人民解放军和中国人民武装警察部队列入装备订货计划的车辆
		悬挂应急救援专用号牌的国家综合性消防救援车辆
		设有固定装置的非运输专用作业车辆
		城市公交企业购置的公共汽电车辆
	纳税个体层面	2018年1月1日至2020年12月31日购置的新能源汽车
	国际层面	依照法律规定应当予以免税的外国驻华使馆、领事馆和国际组织驻华机构及其有关人员自用的车辆

车辆购置税的减免以国家及政府层面为主，减少了公务用车、专业用车和公共交通用车的成本，体现了政府公共服务的职能，有利于调节社会分配和组织社会保障。

除此之外，国务院还规定了其他减征或免征车辆购置税的情形。比如，减免税车辆因转让、改变用途等原因不再属于减免税车辆时，纳税人应在办理过户手续前或办理变更注册登记手续前缴纳车辆购置税，其最低计税价格按以下公式计算：

最低计税价格 = 同类型新车最低计税价格 ×[1-（已使用年限/规定使用年限）]×100%

规定使用年限：国产车辆按10年计算，进口车辆按15年计算；超过规定使用年限的车辆，不再缴税。

3. 车辆购置税的申报流程

纳税人购置应税车辆，应当向车辆登记地的主管税务机关申报缴纳车辆购置税；购置不需要办理车辆登记的应税车辆，应当向纳税人所在地的主管税务机关申报缴纳车辆购置税。

（1）申报制度

车辆购置税实行一车一申报制度。纳税人购买自用应税车辆的，应自购买之日起60日内申报纳税；进口自用应税车辆的，应自进口之日起60日内申报纳税；自产、受赠、获奖或以其他方式取得并自用应税车辆的，应自取得之日起 60 日内申报纳税。

（2）征收制度

车辆购置税实行一次征收制。纳税人应在向公安机关车辆管理机构办理车辆登记注册前，缴纳车辆购置税，并且应一次缴清。缴税后，主管税务机关应给纳税人开具"车辆购置税完税证明[1]"，纳税人需持"车辆购置税完税证明"到公安机关办理车辆登记注册手续。该完税证明为每车一份，纳税人应随车携带，以备检查。

7.4.2 车辆购置税的计税依据、税率及计算

缴纳车辆购置税的情况相对固定，计税依据分门别类，其税率及计算相对于其他税种比较简单。

1. 车辆购置税的计税依据

车辆购置税的计税依据即计税价格，为纳税人购买应税车辆而支付给销售者的全部价款和价外费用（不包括增值税税款）。应税车辆计税价格的规定如表 7-5 所示。

表 7-5 应税车辆计税价格的规定

类型	车辆类型	计税价格
应税车辆计税价格的规定	自用应税车辆	纳税人实际支付给销售者的全部价款（不包括增值税税款）
	进口自用应税车辆	关税完税价格加上关税和消费税
	自产自用应税车辆	按照纳税人生产的同类应税车辆的销售价格确定（不包括增值税税款）
	受赠、获奖或以其他方式取得并自用应税车辆	按照购置应税车辆时相关凭证载明的价格确定（不包括增值税税款）
	以外汇结算应税车辆	按照申报纳税日的人民币汇率中间价折合成人民币计算缴纳税款

---

[1] 完税证明：税务机关开出的，证明纳税人已缴纳税费的完税凭证，用于证明已完成纳税义务。

续表

类型	车辆类型	计税价格
应税车辆计税价格的规定	其他	免税、减税车辆因转让、改变用途等原因不再在免税、减税范围内的，纳税人应在办理车辆转移登记或变更登记前缴纳车辆购置税。计税价格以免税、减税车辆初次办理纳税申报时确定的计税价格为基准，每满一年扣减10%
		纳税人将已征车辆购置税的车辆退回原生产企业或销售企业，可向主管税务机关申请退还车辆购置税。退税额以已缴税款为基准，自缴纳税款之日至申请退税之日，每满一年扣减10%
		纳税人申报的应税车辆计税价格明显偏低，又无正当理由的，由税务机关依照《税收征收管理法》的规定核定其应纳税额

从表7-5中可以看出，国家和政府对不同类型的车辆有着非常明确的购置税计税方法。

2. 车辆购置税的税率及计算

车辆购置税实行从价定率方法计算应纳税额，其计算公式为：

应交车辆购置税＝计税价格×税率

车辆购置税税率为10%。纳税人购买应税车辆的计税价格，为购买应税车辆所支付的全部价款和价外费用，但不包括增值税税款。由于发票上的价格包括增值税，所以在计算车辆购置税时要先减去增值税，然后再乘以10%的税率，其计算公式为：

应交车辆购置税＝（发票上车价－增值税）×10%

公式中的"车价"并不是消费者购车时的实际成交价，而是税务部门规定的车辆购置税的最低计税价格，其计算遵循"就高不就低"的原则，即最低计税价格不等于计税价格。由此可见，车辆购置税的征收实际上有两种计算基准，即购车价格和最低计税价格，哪个价格高，就以哪个价格为计税价格计算应纳车辆购置税。

实操笔记

【计算题】某公司于9月购买了一辆进口轿车,关税完税价格为50万元,消费税税率为12%,关税税率为15%。请计算该公司应交车辆购置税。

答案:应交关税 =50×15%=7.5(万元)

应交消费税 =(50+7.5)/(1-12%)×12% = 7.84(万元)

应交车辆购置税 =(50+7.5+7.84)×10% = 6.53(万元)

第 8 章

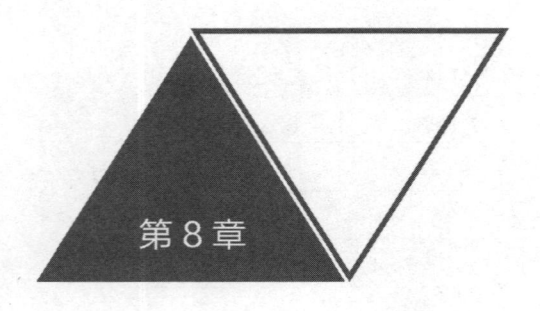

行为税：经济监督的主要手段

　　印花税和城市维护建设税，也是企业需要缴纳的重要税种。印花税和城市维护建设税的相关内容，是企业财税人员必须掌握的基础知识。

8.1 印花税

B公司的效益蒸蒸日上，作为老板的小张，近期的收入提高了很多。在员工的建议下，小张开始参与股票交易，准备把部分资金投入股票市场，以此获取更多的投资收益。可小张发现自己在买卖股票的时候，交了一笔印花税，小张对此感到不解。

虽然中国有大批投资者参与股票交易，但他们对印花税的概念并不是太熟悉。实际上，股票交易的印花税是印花税的一种。了解印花税，能够帮助我们更加全面地理解税收制度。

8.1.1 印花税综述

1624年，荷兰首创印花税。1950年1月，我国中央人民政府政务院颁布了《全国税政实施要则》，规定印花税为全国统一征收的税种。2018年11月1日，财政部、国家税务总局发布《中华人民共和国印花税法（征求意见稿）》（以下简称《征求意见稿》），对印花税做出了进一步的规范。

印花税是对经济活动和经济交往中订立、领受具有法律效力的凭证的行为所征收的一种税。了解印花税，要从其性质和意义、纳税人和征税对象两方面入手。

1. 印花税的性质和意义

印花税的出现时间晚，其性质和意义也和其他税种略有不同。印花税是一种行为税，因其采用在应税凭证[1]上粘贴印花税票的方法作为完税的标记，故称印花税。

（1）印花税的性质

印花税的性质主要有四点，如图8-1所示。

---

[1] 应税凭证是指税法规定应当缴纳印花税的各种凭证。

兼有凭证税和行为税性质	征税范围广泛	税率低、负税轻	由纳税人自行完成纳税义务
印花税是对单位和个人书立、领受的应税凭证征收的一种税,具有凭证税性质。由于应税经济凭证反映的都是特定的行为,因此,对凭证征税,实质上是对经济行为征税	印花税的征税对象包括了经济活动和经济交往中的各种应税凭证,凡书立和领受这些凭证的单位和个人都要缴纳印花税,其征税范围是极其广泛的	印花税与其他税种相比较,税率要低得多,其税负较轻,具有广集资资金、积少成多的财政效应	纳税人通过自行计算、购买并粘贴印花税票的方法完成纳税义务,并在印花税票和凭证的骑缝处自行盖戳注销或画销。这与其他税种的缴纳方法存在较大区别

图 8-1 印花税的性质

(2) 征收印花税的意义

征收印花税在宏观上能够规范和调节市场经济行为,在市场资源配置中发挥重要作用,同时也是政府了解微观经济运行的一种有力手段。它有利于保护私有财产权利,保障企业和居民的经济行为安全;也有利于在对外经济活动中维护我国的经济权益。

征收印花税可以及时了解纳税人的经济活动情况和税源变化情况,加强国家对应税凭证的监督管理,促使各种经济活动合法化、规范化。

2.印花税的纳税人和征税对象

印花税与一般税种有所不同,由于其纳税人和征税对象的特殊性,《征求意见稿》第一条就规定了印花税的纳税人和征税对象。

(1) 纳税人和纳税义务确认

订立、领受在中华人民共和国境内具有法律效力的应税凭证,或者在中华人民共和国境内进行证券交易的单位和个人,为印花税的纳税人。

其中,证券交易部分较为特殊。这里的"证券交易",是指在依法设立的证券交易所上市交易或者在国务院批准的其他证券交易场所转让公司股票和以股票为基础发行的存托凭证[1]。证券交易印花税的缴纳采取源泉扣缴制，扣缴义务人是证券登记结算机构。

印花税的纳税义务发生时间为纳税人订立、领受应税凭证或者完成证券交易的当日，证券交易印花税的扣缴义务发生时间为证券交易完成的当日。

(2) 印花税的征税对象

《征求意见稿》规定，印花税的征税对象分为五大类，如图8-2所示。

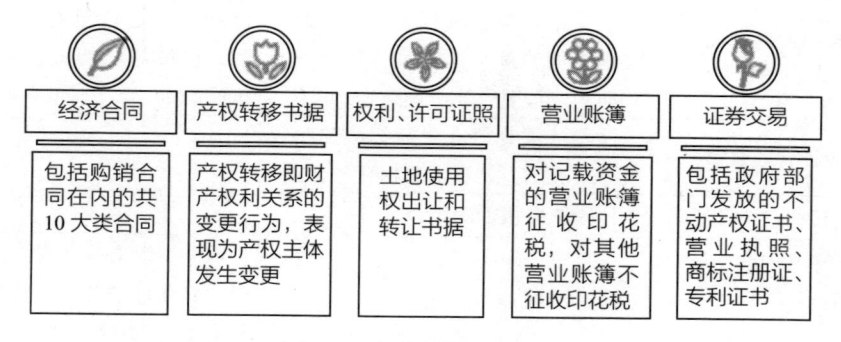

经济合同	产权转移书据	权利、许可证照	营业账簿	证券交易
包括购销合同在内的共10大类合同	产权转移即财产权利关系的变更行为，表现为产权主体发生变更	土地使用权出让和转让书据	对记载资金的营业账簿征收印花税，对其他营业账簿不征收印花税	包括政府部门发放的不动产权证书、营业执照、商标注册证、专利证书

图8-2 印花税的征税对象

此外，《征求意见稿》将存托凭证纳入证券交易印花税的征收范围，其主要原因是：国务院已明确开展创新企业境内发行存托凭证试点，存托凭证以境外股票为基础在中国境内发行，并在境内证券交易所上市交易，将其纳入印花税征收范围，适用与股票相同的政策，有利于保持税制统一和税负公平。

8.1.2 印花税的计税依据、税率及计算

《征求意见稿》在印花税的计税依据、税率及计算方面，做出了一定的调整；但除对少部分税目的税率适当调整外，基本维持了现行税率水平。根据应税凭证的性质，分别实行比例税率或者定额税率。

1. 印花税的计税依据

印花税的计税依据如表8-1所示。

---

[1] 存托凭证是指在一国证券市场流通的代表外国公司有价证券的可转让凭证。

表 8-1　印花税的计税依据

类型	计税依据	备注
应税合同	计税依据为合同列明的价款或者报酬（不含增值税税款）；合同中价款或者报酬与增值税税款未分开列明的，按照合计金额确定	应税合同、产权转移书据未列明价款或者报酬的，按照订立合同、产权转移书据时市场价格确定；依法应当执行政府定价的，按照其规定确定。不能按照上述规定的方法确定的，按照实际结算的价款或者报酬确定
应税产权转移书据	计税依据为产权转移书据列明的价款（不含增值税税款）。产权转移书据中价款与增值税税款未分开列明的，按照合计金额确定	
应税营业账簿	计税依据为营业账簿记载的实收资本（股本）、资本公积合计金额	
应税权利、许可证照	计税依据按件确定	
证券交易	计税依据为成交金额	以非集中交易方式转让证券时无转让价格的，按照办理过户登记手续前一个交易日收盘价计算确定计税依据；办理过户登记手续前一个交易日无收盘价的，按照证券面值计算确定计税依据

2. 印花税的税率

印花税采用比例税率和定额税率两种税率。

（1）比例税率

印花税的比例税率共有五个档次，即 1‰、0.5‰、0.3‰、0.25‰、0.05‰。按比例税率征税的有各类经济合同、产权转移书据、营业账簿、证券交易等。

（2）定额税率

印花税的定额税率是按件定额贴花，每件 5 元，适用于应税权利、许可证照。这些凭证没有金额记载，对其按件定额征税，可以方便纳税和简化征管。

3. 印花税的计算

应交印花税的基本计算公式如下：

应交印花税 = 计税金额 × 适用税率（或适用单位税额）

其中，不同征税对象的适用税率如表 8-2 所示。

第8章 行为税：经济监督的主要手段

表8-2 不同征税对象的适用税率

征税对象		税率	备注
合同	购销合同	按购销金额的0.3‰贴花	包括供应、预购、采购、购销结合及协作、调剂、补偿、易货等合同
	加工承揽合同	按加工或承揽收入的0.5‰贴花	包括加工、定作、修缮、修理、印刷、广告、测绘、测试等合同
	建设工程勘察设计合同	按收取费用的0.5‰贴花	包括勘察、设计合同
	建筑安装工程承包合同	按承包金额的0.3‰贴花	包括建筑、安装工程承包合同
	财产租赁合同	按租赁金额的1‰贴花。税额不足1元的，按1元贴花	包括房屋、船舶、飞机、机动车辆、机械、器具、设备等
	货物运输合同	按运输费用的0.5‰贴花	包括民用航空、铁路运输、海上运输、内河运输、公路运输和联运合同
	仓储保管合同	按仓储保管费用的1‰贴花	包括仓储、保管合同
	借款合同	按借款金额的0.05‰贴花	包括银行及其他金融组织和借款人（不包括银行同业拆借）所签订的借款合同
	财产保险合同	按保险费收入的1‰贴花	包括财产、责任、保证、信用等
	技术合同	按所载金额的0.3‰贴花	包括技术开发、转让、咨询、服务等
产权转移书据	土地使用权出让和转让书据；房屋等建筑物、构筑物所有权、股权（不包括上市和挂牌公司股票）、商标专用权、著作权、专利权、专有技术使用权转让书据	按所载金额的0.5‰贴花	
权利、许可证照	不动产权证书、营业执照、商标注册证、专利证书	按件贴花5元	
营业账簿		记载资金的账簿，按实收资本和资本公积的合计金额0.5‰贴花。其他账簿按件贴花5元	

值得注意的是，如果同一应税凭证载有两个或两个以上经济事项并分别列明价款或报酬的，按各自适用税目税率计算应纳税额；如果未分别列明价款或报酬的，按税率高的计算应纳税额；同一应税凭证由两方或者两方以上当事人订立的，应按各自涉及的价款或报酬分别计算应纳税额。

印花税票面额最低为 0.10 元，其纳税规定如表 8-3 所示。

表 8-3　印花税小面额纳税规定

印花税	类型	纳税规定
应纳税额	不足 0.10 元的凭证	免贴印花税
	在 0.10 元以上的凭证	按四舍五入规则，尾数不满 0.05 元的不计，满 0.05 元的按 0.10 元计算
	财产租赁合同	最低纳税起点为 1 元，即税额超过 0.10 元但不足 1 元的，按 1 元纳税

实操笔记

【计算题】某企业在与客户签订的房租租赁合同中，约定年租金为 10 万元（不含税），增值税税额为 0.9 万元。以 10 万元为印花税的计税依据，财产租赁合同按租赁金额的 1‰ 贴花。请计算该企业应交印花税。

答案：应交印花税 = 100 000×1‰ = 100（元）

如果在合同中约定年租金为 10.9 万元（含税），未单独记载增值税税额，则：应交印花税 = 109 000×1‰ = 109（元）。

8.2 城市维护建设税

2015年年底，M市税务分局在对辖区内一家内资K酒公司进行税务检查时，发现该公司故意少缴营业税58万元，遂按相关执法程序对该公司做出补缴营业税、城市维护建设税，并加收滞纳金和罚款的处罚决定。K酒公司于当日接受了税务机关的处罚，补缴了税款。

经此处罚，K酒公司痛改前非，于2016年年底，主动去M市的税务机关申报纳税，却发现2016年出台了营业税改增值税的政策，营业税不再作为征税对象。作为只缴纳营业税的企业，其城市维护建设税也不用缴纳了。这次政策变动给K酒公司减轻了部分税负。

8.2.1 城市维护建设税综述

2011年1月8日国务院发布了《中华人民共和国城市维护建设税暂行条例》（以下简称《城建税暂行条例》），以加强城市的维护建设，扩大和稳定城市维护建设资金的来源。城市维护建设税（以下简称"城建税"）对组织财政收入、加强城市维护建设具有重要作用。

1. 城建税的性质和意义

城建税是以纳税人实际缴纳的增值税、消费税及出口货物、劳务或者跨境销售服务、无形资产增值税免抵税额为计税依据（不包括税务机关对纳税人加收的滞纳金和罚款等非税款项）征收的一种附加税。这就意味着，城建税的征收范围广，只要缴纳增值税、消费税中任一税种的纳税人都要缴纳城建税。

城建税税款专款专用，有利于加强城市的维护建设，扩大和稳定城市维护建设的资金来源，是一种具有受益税性质的税种。其中，"受益税"是指事先明确规定使用范围与方向，税款的缴纳与受益更直接地联系起来的税款。

城建税纳税义务的发生时间为缴纳增值税、消费税当日，纳税地点与增值税、消费税的缴纳地点相同。扣缴义务发生时间为扣缴增值税、消费税当日，扣缴义务人应向其机构所在地或居住地主管税务机关申报缴纳其扣缴的税款。

2. 城建税的纳税人和征税对象

1994年税制改革后，城建税的纳税人改为缴纳增值税、消费税、营业税的单位（不包括外商投资企业、外国企业和进口货物者）和个人。2016年5月起全面实行营业税改增值税，营业税全面取消，不再作为征税对象。这就意味着，原来只缴纳营业税的单位不再需要缴纳城建税了。

（1）纳税人和纳税义务确认

城建税的纳税人是在征税范围内从事工商经营，缴纳"二税"（增值税、消费税，下同）的单位和个人。任何单位或个人，只要缴纳"二税"中的一种，就必须同时缴纳城建税。

自2010年12月1日起，我国对外商投资企业、外国企业及外籍个人征收城建税。

（2）城建税的征税对象

城建税与其他税种不同，它没有独立的征税对象或税基，而是以增值税、消费税"二税"实际缴纳的税额之和为计税依据，随"二税"同时附征，本质上属于一种附加税。

（3）城建税的征税方式

城建税按月或按季计征；不能按固定期限计征的，按次计征。

城建税实行按月或按季计征的，纳税人应于月度、季度终了之日起15日内申报并缴纳税款；按次计征的，纳税人应于纳税义务发生之日起15日内申报并缴纳税款。

8.2.2 城建税的计税依据、税率及计算

在《城建税暂行条例》发布之后，城建税的计税依据、税率及计算有了更详细、科学的规定。

1. 城建税的计税依据

城建税是以纳税人实际缴纳的流通转税额为计税依据征收的一种税，纳税环节确定在纳税人缴纳增值税、消费税的环节上。从商品生产到消费流转过程中只要发生增值税、消费税的当中一种税的纳税行为，就要以这种税为依据计

算缴纳城建税。

城建税根据企业业务是否跨境征税，对跨境进口不征收城建税，对跨境出口征收城建税，出口退税不退城建税。

2. 城建税的税率

城建税是根据城市维护建设资金的不同层次的需求而设计的，实行分区域的差别比例税率，即按纳税人所在城市、县城或镇等不同的行政区域分别规定不同的比例税率。

纳税人所在地在市区的，城建税税率为7%；所在地不在市区的，城建税税率为5%；纳税人所在地不在市区、县城或镇的，税率为1%。纳税人在外地发生缴纳增值税、消费税行为的，按纳税发生地的适用税率计征城建税。

3. 城建税的计算

城建税应纳税额的计算比较简单，其计算公式为：

应纳税额 =（增值税 + 消费税）× 适用税率

就生产企业出口货物全面实行免抵退税办法后，经国家税务总局正式审核批准的当期免抵的增值税税额应纳入城建税的计征范围，分别按规定的税（费）率征收城建税。实行免抵退[1]的生产企业的城建税计算公式为：

应纳税额 =（增值税应纳税额 + 当期免抵税额 + 消费税）× 适用税率

实操笔记

【计算题】5月底，退税机关已审批某企业"免、抵、退"税额为100万元。其中，退税额为40万元，免抵税额为60万元。该企业在收到退税机关返还的"生产企业出口货物免、抵、退税申报汇总表"后，需要依据免抵税额计算出城建税（税率为7%）。若你是该企业的财税人员，请计算出该企业应交城建税。

答案：应交城建税 =60×7%=4.2（万元）

---

[1] 免抵退："免"税，是指对生产企业出口的自产货物，免征企业生产销售环节的增值税；"抵"税，是指生产企业出口的自产货物所耗用原材料、零部件等应予退还的进项税额，抵顶内销货物的应纳税款；"退"税，是指生产企业出口的自产货物在当期内因应抵顶的进项税额大于应纳税额而未抵顶完的税额，经主管退税机关批准后，予以退税。

第 9 章

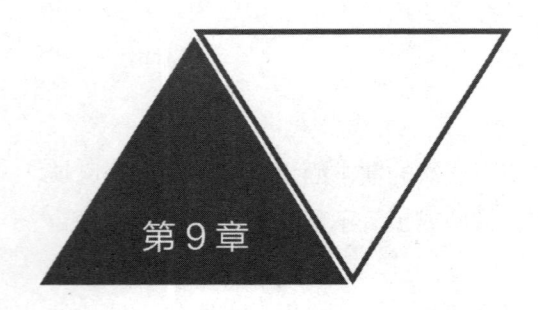

纳税筹划：进行整体纳税筹划

在企业财税工作中，纳税筹划管理、税务工作的合规化管理是财税人员需要掌握的重要管理能力。另外，财税人员还需要掌握一些专项能力，将企业的财税工作做得更好。

9.1 企业纳税筹划的管理

A企业一直以来都是纳税大户，纳税成本非常高，企业不堪重负。A企业领导王总通过多方打探，发现同类型、同等级的B企业所缴纳的税额远低于他们。王总立即致电B企业的李总，询问其关于企业纳税的相关经验。

原来，B企业有一支纳税筹划专业团队，全方位地帮助企业节税。

9.1.1 什么是纳税筹划

纳税不可规避，偷税、漏税的行为也应被严厉打击，但这并不意味着企业财税人员只能被动地、盲目地纳税。企业的纳税工作具有一定的可筹划性，我们可以合理安排纳税的相关事宜，实现纳税的可控化、低成本化。

1. 纳税筹划的定义

纳税筹划是指纳税人在法律法规规定许可的范围内，通过对经营、投资、理财活动的事先筹划和安排，制作一整套完整的纳税操作方案，以达到税收利益最大化的目的。所谓"税收利益最大化"，不仅是指税负最轻，还包括税后利润最大化、企业价值最大化等内涵。

这一定义说明纳税筹划的前提条件是必须符合国家法律及税收法规的规定；纳税筹划的方向应当与税收政策法规的方向一致，并且纳税筹划的发生必须在生产经营和投资理财活动之前，否则一旦纳税行为发生、纳税义务确定，纳税筹划就没有意义了。

2. 纳税筹划的目标

纳税筹划的目标是指企业通过纳税筹划希望得到的结果。对纳税筹划有什么样的目标定位，直接关系到纳税筹划的成败。毫无疑问，直接减轻自身税负是纳税筹划最本质、最核心的目标，但不能是唯一目标。

当然，不同的企业，由于产权及组织结构、企业规模和管理水平等方面的差异，其纳税筹划的目标也不尽相同。纳税筹划的目标从不同角度可以分为以下四种：

(1) 实现涉税零风险

因为纳税筹划的前提条件就是要符合法律法规和税收政策，所以纳税筹划的基本目标或最低目标就是依法履行纳税义务，实现涉税零风险，避免因涉税造成名誉损失或违法行为的发生，做到诚信纳税，合法纳税。

(2) 实现货币时间价值[1]最大化

在纳税额相差不大的方案中，可以选择纳税时间滞后的方案，延缓纳税时间，以获得货币时间价值。这相当于从财政部门获得了一笔无息贷款，在一定时期内可以减轻企业的资金压力。如果企业能够合理运用这笔资金，甚至可以得到更大的收益。

(3) 实现税负最小化和税后利润最大化

追求利润是企业的天性，追求利润最大化不仅要求总收益大于总成本，还要求总收益与总成本之间的差额最大。在缴纳税额一定的情况下，纳税成本越低，税收利益越高。要降低纳税成本，就要实现税负最小化。

但是，单纯地以税负最小化为目标，容易导致决策的片面性。若减少税负的代价是减少收入或增加成本，就是得不偿失的。因此，要建立税后利润最大化的目标，即在减少税费缴纳的同时，增加收入。

由此可以看出，企业纳税筹划要实现税负最小化和税后利润最大化的目标，只有将二者进行综合考量，才能为企业的长期发展打下基础。

(4) 实现企业价值最大化

税务筹划的终极目标应该是实现企业价值最大化，在此基础上，企业在进行长期税务筹划决策时应当采用净现值法，即计算长期纳税筹划方案可能带来的相关现金流量的净现值[2]，并以此作为评价纳税筹划方案的依据。由于计算净现值时采用的折现率[3]既考虑了时间价值因素，也考虑了风险因素，因此可以帮助决策者更为准确地做出判断，弥补税负最小化和税后利润最大化的缺陷。

---

[1] 货币时间价值是指货币随着时间推移而发生的增值，也称为资金时间价值。
[2] 净现值是指特定方案未来现金流入量的现值和未来现金流出量的现值之间的差额。
[3] 折现率是指特定条件下的收益率，说明资产取得该项收益的收益率水平。

9.1.2 纳税筹划的特点

随着市场经济的发展和现代企业制度的建立，微观经济主体建立健全成本约束机制的观念深入人心。企业不但重视开源和对外拓展业务，也开始注重节流，即有效地控制内部和外部成本。纳税筹划可以帮助企业降低纳税成本、实现企业价值最大化，是节流的手段之一。纳税筹划之所以有如此效力，是因为它拥有以下五个特点。

1. 合法性

纳税筹划是在合法条件下进行的，是通过比较分析国家制定的税法后，进行纳税方案的优化选择。应当明确的是，纳税筹划运用的手段是符合现行税收法律法规的，不应与现行的税收法律法规相冲突，不应采用隐瞒、欺骗等违法手段去规避税收，这与偷税漏税具有本质上的区别。因此，要想进行纳税筹划，纳税人必须具备一定的法律知识，尤其是相关的税收法律知识。

2. 时效性

纳税筹划的时效性体现在两个方面：一方面，它必须根据市场环境的变化不断更新；另一方面，它具有超前性。

因为纳税人的所有税务活动都必须遵守国家的税收政策及法令，所以纳税筹划也受税收政策及法令的约束；又因为纳税人所面对的行为空间是不断向前发展的，市场环境也是不断变化的，所以纳税筹划方法也是不断变化和发展的。

虽然在现实的经济生活中，只有特定经济事项发生之后，企业才有纳税义务；但是，一旦经营活动实际发生，就会产生确定的税款，纳税筹划在此时便失去了意义。因此，纳税筹划需要对企业生产经营、投资活动进行提前设计和安排。财税人员要提前选择最优的纳税方案，并据此指导企业的生产经营，减少后期纳税。这就要求财税人员具备洞察事物发展规律的前瞻性。

3. 目的性

企业进行纳税筹划是为了最大限度地减轻税收负担。减轻税收负担一般有两种形式：一是选择低税负，直接减轻税务上的经济成本；二是滞延纳税时间，即在纳税额相差不大的方案中，选择纳税时间滞后的方案，延缓纳税时间。

因此，纳税筹划具有极强的目的性，所有工作都是围绕减轻税收负担开展的。

4. 综合性

由于各个税基[1]之间是相互关联的，所以某种税基缩减的同时，可能会引起其他税种税基的增大；某一时期不缴或少缴，可能会在另一个时期补回来。因此，纳税筹划要综合考量、均衡考虑，不能只关注个别税种税负的高低，而要着眼于整体税负的轻重。

5. 风险性

因为纳税筹划是提前对企业的生产经营、投资活动进行计划和安排，很多财税人员在进行纳税筹划时，都建立了长期的规划，所以一旦税收政策和法律有了调整，或者企业内部经营状况有所变化，就会对纳税筹划的实行带来很大影响。

纳税小课堂

纳税筹划的风险性主要体现在以下三个方面：

（1）筹划条件的风险性

纳税筹划对专业技术人员的素质、筹划技术的手段、时机的选择和时间跨度的确定具有极高的要求。

（2）筹划环境的风险性

我国目前税制建设不完善，税收政策稳定性差，随时可能会出现税收政策的变动。

（3）征纳双方认定差异的风险性

财税人员给出的具体纳税方案，有时并不能被征税方所接受。

总而言之，纳税筹划具有很多不确定性，这就要求企业财税人员具有极高的专业素养，能够及时发现并规避相关问题。

---

[1] 税基是指政府征税的客观基础，描述的是政府征税的广度，即解决对谁的"什么"征税的问题。

9.1.3 纳税筹划的基本原则

依法纳税是每个公民应尽的义务。同时，合理、合法地进行纳税筹划，以达到降低税负的目的，是每个纳税人的权利。企业财税人员在进行纳税筹划时，必须遵循以下五个原则。

1. 合法性原则

作为纳税主体的企业法人承担的税种多，其纳税税基、地点、时限、税率等因素各有差异，通过合理地筹划纳税，可以适当减轻企业的税负。但这一行为的立足点在于遵守法律，在法律允许的范围内进行纳税筹划，即纳税筹划应当遵循合法性原则。企业要纳税，首先要遵守国家相关收税法律法规，并熟知国家有关税收的政策及法令，只有在懂法、守法的基础上，才能更好地进行纳税筹划，减轻企业的税收负担、降低经营成本。

2. 筹划管理原则

纳税筹划要遵循筹划管理原则，即企业要对自己的生产经营状况进行统筹和调整。这种调整包括四个方面：地域、产业、行业，以及具体的生产经营过程。通过提前统筹和调整，企业能够达成税收优惠政策所规定的条件，最大限度地降低税法所确认的交易额或收入额。

纳税人的纳税筹划行为必须在国家与纳税人的税收法律关系形成前完成，即根据国家税收法律的差异性，提前对企业的经营、投资及理财活动进行筹划和安排，尽可能地减少应税行为的发生，降低企业的税收负担水平；否则，一旦相关的经济活动已完成，纳税义务已发生，就很难再减轻税收负担了。

3. 价值最大化原则

纳税与财务管理息息相关。通过合理地筹划纳税，可以帮助企业减轻税费负担、降低经营成本，这与财务管理的目标——实现企业价值最大化相呼应。为实现这一目标，企业在纳税筹划实施过程中需要考虑包括税收在内的各方面因素，既要统筹全局，又要突出全体利益相关者的利益，还要兼顾各税种之间的关系，考虑现有的纳税方案对纳税人整体财务状况的影响。此外，相关的社会效益和企业形象等非财务影响因素，也是企业需要考虑的。

4. 适时调整原则

事物是不断向前发展的，没有一个方法可以一劳永逸，纳税也是如此。再好的纳税方案也只是当前时期的产物，不可能一直适用于发展变化的环境。所以，企业财税人员要根据社会条件的变化，对纳税方案进行实时调整，才能更好地适应环境，帮助企业合理纳税。

纳税要遵循合法性原则，那么，财税人员应如何判断纳税是否合法呢？这就需要参照国家在一定时期具体的法律规定。受社会发展及环境变化的影响，国家的税收法律政策是不断调整的，企业的纳税方案也应随之进行修正和完善。只有这样，纳税方案才能真正起到指导纳税实践的作用。如果纳税方案一成不变，就有可能出现违法违规行为的风险。

5. 利益兼顾原则

纳税是公民应尽的义务。进行纳税筹划，是在遵守法律的基础上，通过合理的规划行为，降低企业的税收负担。但纳税筹划不能只关注企业内部权益的均衡，还要兼顾多方的利益，才能做到相互促进、共同发展。

首先，企业纳税是一项全局性工作。由于企业所交税种多而杂，一项税额的降低可能导致其他税额的升高，因此，企业在纳税时，应综合考虑各税种的关系。

其次，企业进行纳税筹划时要衡量回报与成本之间的关系，不能为达到税收优惠条件而不计成本。

最后，纳税筹划要兼顾国家、集体与企业的利益，不能为了降低企业税负和经营成本，而采用损害国家利益的纳税方案。这既是违法行为，也是企业缺乏社会责任感的表现。

总之，纳税筹划是一项受国家税法认可的、专业性较强的工作，企业财税人员应在上述原则的指导下，合法、合规地为企业降低税负。

实操笔记

【单选题】以下（　　）不是企业进行纳税筹划的目标。

A. 实现货币时间价值最大化　　B. 实现税负最小化和税后利润最大化

C. 实现企业税负为零　　　　　D. 实现企业价值最大化

答案：C

9.2 企业纳税筹划的方法

A企业的财税人员老李，最近根据国家给予企业的相关纳税优惠政策，成功帮助企业减轻了税负。可见，企业缴纳的税款通过一定的方法，是可以调整的。

本节我们将带领大家一同学习企业控制税负的思路和方法，帮助企业经营者和财税人员在遵循税法的前提下，合理减轻企业的税收负担。

9.2.1 方法一：巧节税

现如今，企业的税负压力较大，很多企业经营者都在思考如何减轻税收负担。其实，企业想要减轻税收负担，可以通过节税来实现。

1. 节税的定义

节税一般是指纳税人采用合法的手段（计算分析、优惠政策等），以达到不交或少交税的目的。当存在多种纳税方案可供选择时，纳税人应选择税负较低的方案，以处理财务、经营、交易等事项。

2. 节税的特点

节税是企业在符合法律法规的前提下，合理地减少税款。下面我们来了解一下节税的特点。

（1）需要进行策划

节税需要纳税人全面、系统地掌握现行税法及财务知识，结合企业现实状况，如企业的筹资、投资和经营业务等，再对税法进行分析、比较，从而策划出减少税收的方案。

简单来说，不精心地策划是无法做好节税工作的。

（2）表现形式多样

因为各个国家和地区的税法存在差异、会计制度有所不同，所以世界各国和地区的节税方式也有所不同。一般而言，一个国家的税收政策在地区和行业之间的差别越大，可供纳税人选择的空间越大，节税的形式也更加丰富多样。

3. 节税的方式

合理节税的主要方式包括以下八个：

（1）组建形式变更节税

一般企业在组建过程中，有多种可以选择的方式。对于企业经营者而言，不同的选择方式能够获得不同的利益，而在获得利益的过程中就会涉及税收问题。

比如，一个公司想要扩大规模，是选择设立子公司还是分公司，需要慎重考虑，因为子公司在法律形式上属于独立的法人，自负盈亏；而分公司不是独立的法人，它的盈亏要与母公司（控股公司）合并计算纳税。

所以，如果新组建的公司在经营初期就有收益，则更适合设立子公司；如果新组建的公司在经营初期可能发生亏损，则更适合设立分公司。

（2）合理提高员工福利，摊销利润

中小企业的经营者可以适当提高员工福利。比如，为员工办理医疗保险、增加企业财产保险、建立职工基金（养老基金、教育基金、失业保险金）等。这些方式既能提升员工的工作积极性，也能将这类费用列入企业成本，帮助企业达到摊销利润、实现节税的目的。

（3）通过财务筹划来节税

企业在会计核算过程中，可以通过选择会计的处理方法来达到减少纳税额的目的。比如，可以选择更加合理的材料成本的核算方法、企业固定资产折旧计提的方法等，从而帮助企业在年度内或跨年度的收益符合税法规定的企业节税要求。

（4）将个人专利以入股的形式投入公司使用

如果企业经营者或员工拥有个人专利，并将此专利给予公司使用，那么公司可以对其进行合理估价，以技术入股的形式为公司所用。

这种方式可以使个人专利变为公司的无形资产，然后经过合理的摊销将其作为企业成本费用，从而减少利润，最终实现节税。

(5) 利用税法中的税收优惠条款节税

许多国家或地区为使税法同时具备统一性和灵活性，更好地适应经济形式的需要，推出了很多税收优惠政策，企业可以充分利用这些优惠政策，达到节税的目的。

(6) 借助相关平台分析企业节税方式

纳税人可以在第三方平台的帮助下，对自身的经营状况进行统筹分析，使企业在符合法律法规的前提下，对经营、理财和投资活动进行筹划与安排，帮助企业实现节税。

许多正规税务平台专为企业经营者开设了节税方案落地班，并为财税人员提供税务知识学习课堂，为企业解读税务政策、提供合理的节税方法。

(7) 混合销售要依法而签，分别计税

混合销售是指一项销售行为既涉及货物又涉及服务。它同时满足两个要素：第一，必须为同一项销售行为；第二，必须涉及货物和服务。混合销售中存在值得注意的纳税筹划点。

比如，对于一家生产设备并提供安装服务的商家而言，可以通过降低材料费用、提高安装服务费价格的方式，使原本应缴纳 13% 的材料增值税销售额，转变为需要缴纳 11% 的建筑服务销售额，从而减轻增值税负担，达到节税的目的。

但是，对于买方而言，则希望商家按照原本 13% 的税率缴税，使自己获得更多的进项抵扣税，从而提高报销金额。因此，很多时候双方会就如何开票进行博弈和协商。面对这种情况，双方都要注意防范对方进行纳税筹划，所以，更好的选择是依法分别计税，同时保证双方的利益不受侵害。

(8) 发票丢失，及时补救，仍能报销入账

我国实行"以票控税"的政策，但是，这并不代表当发票丢失时，就无法报销和入账了。

当我们面临发票丢失的情况时，可以利用以下两种方法及时补救：

第一种方法，如果从外单位取得的原始凭证丢失，需要取得盖有原开票单位公章的证明，并注明原凭证的金额、号码、具体事项等。在得到经办单位会计机构负责人、会计主管人员及单位领导批准后，便可将此证明作为原始凭证。

第二种方法，如果无法按照以上方法取得证明，如丢失的是火车票、飞机票、船票等。当事人可以写明详细情况，然后取得经办单位会计机构负责人、会计主管人员及单位领导批准后，代作原始凭证。

9.2.2 方法二：巧控税

企业在经营过程中，可以通过合理控制税负的方式，达到降低成本、提高利润的目的。企业想要在法律法规允许的情况下减轻税负，需要从以下四个方面入手。

1. 根据法定税负率确定业务

我国现行的税种有 18 个，根据征收对象的不同又可以分为五大类别，如表 9-1 所示。

表 9-1　我国现行的五大税收类别

税种	说明
流转税	对流转额的征税简称流转税，或商品和劳务税。它是对销售商品或提供劳务的流转额征收的一类税收
所得税	对所得额的征税简称所得税。它是以各种所得额为课税对象的一类税收，包括企业所得税、个人所得税
财产税	对财产的征税是对纳税人所拥有或属其支配的财产数量或价值额征收的一类税收，包括对财产的直接征收和对财产转移的征收。
资源税	对资源的征税是对开发、利用和占有国有自然资源的单位和个人征收的一类税收
行为税	对行为的征税也称行为税。它一般是以某些特定行为为征税对象征收的一类税收

2. 企业的组织形式

按照市场要求，企业的组织形式需要根据财产的组织形式及其所承担的法律责任进行划分，可以是公司制企业、合伙企业、个人独资企业或者个体工商户，这些不同的组织形式使纳税人的税负有所不同，原因主要是不同组织形式的企业应缴纳的所得税不同。

比如，按照税法相关规定，个体工商户和个人独资企业只需要缴纳个人所得税，无须缴纳企业所得税；合伙企业的生产经营所得与其他所得，要采取"先分后税"的原则，合伙企业中的每位合伙人都应该作为纳税义务人参与纳税。

可见，想要在企业组织形式方面合理控税，需要充分考虑各个不同组织形式的纳税制度，确定一个更为合适的企业组织形式。

3. 税收优惠政策

税收优惠，又称"税收鼓励"，是指国家运用税收政策在税收法律、行政法规中规定对某一部分特定企业和课税对象给予减轻或免除税收负担的一种措施。税法规定的企业所得税的税收优惠方式包括免税、减税、加计扣除、加速折旧、减计收入、税额抵免等。

当企业同时适合多项税收优惠政策时，需要在综合比较、分析和权衡后，以获取税后利益最大化或特定税收目标效率最大化为基础做出选择。另外，还需要充分考虑税收优惠政策的筹划成本，当税收利益大于筹划成本时，参与税收优惠政策才是有效可行的。

4. 税收返还政策

税收返还是指政府按照国家有关规定采取先征后返（退）、即征即退等办法向企业返还的税款，属于以税收优惠形式给予的一种政府补助。这一政策在扶持地方经济的发展中起到了一定的促进作用。

比如，西藏、新疆、青海、宁夏等西部地区除了税收优惠政策，还存在不少地方财政返还的政策。这些地区的企业可以根据税收返还政策，选择合理的控税方式。

上文提到的四种控税方式，为企业提供了有利的纳税筹划条件。企业可以根据这类影响税负的因素，以企业实际状况为基础，对企业的经营和投资等活动做出合理筹划和安排，从而达到降低税负或者延迟纳税的目的。

需要注意的是，纳税筹划不仅涉及税务，还涉及企业经营、财务规范、内审制度、合同签订和管理等多个方面。总的来说，纳税筹划是一项综合性很强的财务活动。因此，它要求财税人员对税法有非常深刻的理解，并拥有根据随时变动的税收政策而做出筹划调整的丰富经验。

实操笔记

【单选题】以下（　　）不是企业进行控税的合法手段。

A. 故意延迟纳税期限，将资金用于投资

B. 将企业业务发展方向向低税率业务转变

C. 创业前选择税负更少的企业形式

D. 利用本阶段国家发布的税收优惠政策少缴纳税收

答案：A

9.3　增值税的纳税筹划

甲商贸公司为增值税一般纳税人，其年销售额为 600 万元。由于可抵扣的进项税额较少，该企业年实际缴纳增值税 60 万元，增值税税负较重。为了减轻企业增值税税负，小张作为甲商贸公司的财税人员，需要对公司应缴纳的增值税进行纳税筹划。通过培训，小张学习了一些增值说纳税筹划的方法。

9.3.1　选择纳税人身份

根据《增值税暂行条例》和《增值税暂行条例实施细则》的规定，我国增值税的纳税人分为两类：一般纳税人和小规模纳税人。

由于一般纳税人和小规模纳税人的征税方法和适用的税率不同，因此两者的税负也有所不同。通常情况下，国家对一般纳税人实行凭增值税专用发票抵扣税款的制度，对其会计核算水平要求较高，管理也较为严格；国家对小规模纳税人实行简易征收办法，对纳税人的管理水平要求不高。一般纳税人所适用的增值税税率为 13%、9% 和 6% 三档税率，小规模纳税人所适用的征收率在通常情况下为 3%。

因此，企业为了减轻增值税税负，就需要综合考虑各种因素，从而决定如何在一般纳税人和小规模纳税人之间做出选择。一般来讲，企业可以根据以下三种方法来判断一般纳税人和小规模纳税人增值税税收负担的差异，从而合理、正确地选择适合本企业类型的纳税人身份。

1. 看增值率

增值率是指增值额占不含税销售额的比例。

【案例 1】× 工业企业 × 年度不含税销售额为 A，不含税购进额为 B，增值率为 C。

当该企业为一般纳税人时，假设期初留抵为零，其应缴纳的增值税为 (A–B)×13%，引入增值率，则为 A×C×13%；当该企业为小规模纳税人时，其应缴纳的增值税为 A×3%。

假定两类纳税人的税负相等，则得到（A-B）×13%=A×3%=A×C×13%，进而得出增值率 C=3%/13%=23.08%。

这就意味着，当增值率为 23.08% 时，企业无论是选择成为一般纳税人还是小规模纳税人，其承担的增值税税负是相等的。

当增值率小于 23.08% 时，税负比较如下：

一般纳税人的税负＜小规模纳税人的税负

当增值率大于 23.08% 时，税负比较如下：

一般纳税人的税负＞小规模纳税人的税负

需要注意的是，此处只考虑了企业的增值税税收负担，不包括其他因素，而企业在选择纳税人身份时，不能仅仅以增值率为标准，还应考虑企业对外经济活动的难易程度及一般纳税人的会计成本等。

2. 看购货额占销售额的比重

【案例2】× 工业企业不含税销售额为 A，购货额占销售额的比重为 B，那么该企业购入货物的金额为 AB。一般情况下，一般纳税人适用 13% 的税率，小规模纳税人适用 3% 的税率。

当该企业为一般纳税人时，假设期初留抵为零，其应缴纳的增值税为（A-AB）×13%；当该企业为小规模纳税人时，其应缴纳的增值税为 A×3%。

假定两类纳税人的税负相等，则得到（A-AB）×13%=A×3%，进而得出购货额占销售额的比重 B=10%/13%=76.92%。

这就意味着，当企业的购货额占销售额的比重为 76.92% 时，两种纳税人的增值税税收负担是相同的。

当比重大于 76.92% 时，税负比较如下：

一般纳税人的税负＜小规模纳税人的税负

当比重小于 76.92% 时，税负比较如下：

一般纳税人的税负＞小规模纳税人的税负

3. 比较含税销售额和含税购货额

【案例3】× 工业企业含增值税的销售额为 A，含增值税的购货额为 B，且两者均为同期。

假定两类纳税人的税负相等，若期初留抵为零，则得到 [A/（1+13%）–B/（1+13%）]×13%=A/（1+3%）×3%×B/A，进而得出 B/A=74.68%。

可见，当含税购货额为同期销售额的 74.68% 时，两种纳税人的增值税税收负担是相同的。

当企业的含税购货额大于 74.68% 时，税负比较如下：

一般纳税人的税负＜小规模纳税人的税负

当企业的含税购货额小于 74.68% 时，税负比较如下：

一般纳税人的税负＞小规模纳税人的税负

总之，企业在设立时，应充分预测本企业的销售情况、盈利情况、采购规模及市场的供需量等各种因素的影响，合理选择适合本企业的纳税身份，在不违反税收政策的前提下，实现企业经营效益最大化。

> **纳税小课堂**
>
> 增值税纳税筹划小技巧：
> （1）利用增值税税收优惠政策来节税。
> （2）延迟纳税时间，利用资金的时间价值进行纳税筹划。
> （3）利用转让定价，即关联企业之间在销售货物、提供劳务、转让无形资产等时制定的价格。

9.3.2 增值税纳税筹划案例

×生产型企业年应纳增值税销售额为 900 万元，其会计核算制度比较健全，符合一般纳税人的条件，属于增值税一般纳税人，适用 13% 的增值税税率。但是，该企业准予从销项税额中抵扣的进项税额较少，只占销项税额的 20%。依照增值率判断方法，其增值率（900−900×20%）/900×100%=80%＞23.08%。所以，该企业作为一般纳税人的增值税税负要远大于小规模纳税人。请提出纳税筹划方案。

【纳税筹划方案】

因为增值税小规模纳税人可以转化为一般纳税人，而增值税一般纳税人不能转化为小规模纳税人，所以，该企业可以分设为两个各自独立核算的企业。这两个企业的年应税销售额分别为450万元，并符合小规模纳税人的其他条件，可以按照小规模纳税人的征收率征税。

此时，该企业作为一般纳税人应纳增值税93.6万元（900×8%×13%）。通过筹划，企业可以少缴纳增值税66.6万元（93.6-27）。

实操笔记

【想一想】企业可以根据哪三种方法来判断一般纳税人和小规模纳税人增值税税收负担的差异，从而合理、正确地选择适合本企业类型的纳税人身份。

答案：看增值率、看购货额占销售额的比重、比较含税销售额和含税购货额。

9.4 消费税的纳税筹划

小赵创办的白酒公司签订了一笔价值 2 000 万元的合同，由于白酒在生产（进口）环节须缴纳消费税，所以小赵公司对于白酒的加工方式持谨慎态度。小赵通过询问从事税务工作的朋友了解到，自己可以请税务师事务所对此项业务进行纳税筹划，以达到公司利益最大化的目的。

9.4.1 纳税人及征税范围的纳税筹划

消费税纳税人及征税范围的纳税筹划详见下文。

1. 消费税纳税人的纳税筹划

消费税是由特定纳税人支付的税款，可在纳税筹划中通过企业并购降低税负。通过企业并购降低税负，是指将原企业之间的销售环节转化为企业内部原材料的转移环节，从而减少消费税的支出。企业并购前后原材料的供需关系：

企业并购前，原材料的供需关系是买卖关系，消费税按照正常销售价格支付；企业并购后，企业之间的原材料供需关系转化为企业内部的物质转移关系，这一环节不再支付消费税，而是推迟到后发环节再支付。另外，如果后一环节的消费税税率低于前一环节，则可以直接降低企业的消费税负担。由于第一环节的消费税延迟和后期的较低税率，合并前的销售额在合并税率中较低，从而减轻了税负。

2. 消费税征收范围的纳税筹划

我国目前对消费税的征收范围仅局限于 15 个税目。企业若想从源头上节税，在投资决策时就要避开这些消费品，选择其他符合国家政策、在流转税和所得税方面有优惠的产品进行投资，如高档摄像机、高档组合音响等。在市场前景看好的情况下，企业选择这类产品进行投资，可以达到减轻消费税税收负担的目的。

下面我们通过【案例1】具体了解消费税征收范围的纳税筹划方法。

【案例1】A公司准备投产粮食白酒或果汁饮料，两种投产方案的基本情况如下：方案一，投产粮食白酒，总投资额1 000万元，年销售额200万元，销售数量3万千克，增值税税负率约为6.6%；方案二，投产果汁饮料，总投资额1 000万元，年销售额200万元，增值税税负率约为6.6%。A公司应当选择哪套方案？

方案一，粮食白酒的消费税为20%，另加每500克0.5元。A公司的纳税情况如下：

不含增值税销售额 = 200/（1+13%）=176.99（万元）

应纳消费税及附加 =（176.99×20%+6×0.5）×（1+10%）=42.24（万元）

应纳增值税及附加 = 176.99×6.6%=11.68（万元）

应纳税额合计 = 42.24+11.68=53.92（万元）

方案二，果汁饮料无须缴纳消费税，A公司的纳税情况如下：

不含增值税销售额 = 200/（1+13%）=176.99（万元）

应纳增值税及附加 = 176.99×6.6%=11.68（万元）

方案二比方案一节税42.24万元，所以A公司应当选择果汁饮料进行投产。

> **纳税小课堂**
>
> 现行消费税的征收范围主要包括：烟、酒、鞭炮、焰火、高档化妆品、成品油、贵重首饰及珠宝玉石、高尔夫球及球具、高档手表、游艇、木制一次性筷子、实木地板、摩托车、小汽车、电池、涂料等税目，有的税目还进一步划分若干子目。

9.4.2 委托加工及自行加工方式的纳税筹划

企业生产应税消费品，可选择委托加工或自行加工的生产方式。其中，委托加工应税消费品是由委托方提供原材料，受托方只收取加工费和代垫部分辅助材料加工的应税消费品。对于由受托方提供原材料加工的应税消费品、由受托方以委托方名义代购原材料加工的应税消费品，以及受托方先将原材料卖给委托方再接受加工的应税消费品，不论纳税人在财务上是否做销售处理，都不属于委托加工应税消费品。

1. 委托加工的消费税计税方式

（1）有同类应税消费品的售价

应纳税额＝同类应税消费品销售单价×委托加工数量×适用税率

（2）无同类应税消费品的售价

复合征收组成计税价格＝（材料成本+加工费+委托加工数量×定额税率）/（1-比例税率）

应纳税额＝组成计税价格×适用税率＋委托加工数量×定额税率

2. 自行加工的消费税计税方式

（1）从价定率计征

应纳税额＝应税消费品的销售额×比例税率

（2）从量定额计征

应纳税额＝应税消费品的销售数量×定额税率

（3）复合计征

应纳税额＝销售额×比例税率＋销售数量×定额税率

下面我们通过【案例2】具体了解委托加工及自行加工方式的纳税筹划方法。

【案例2】假定甲企业接到一笔生产500吨白酒的业务订单，议定单价为2万元/吨，则销售价格共计1 000万元。甲企业拟定了四种生产方案。

方案一，甲企业先委托乙企业将制酒原料加工成酒精，收回后由甲企业继续生产成白酒销售。甲企业提供价值为250万元的制酒原料，委托乙企业加工成酒精，支付加工费150万元，加工成300吨酒精运回甲企业后，再由甲企业加工成500吨本品牌的白酒销售，每吨售价2万元。甲企业发生的相关加工成本及其应该分摊的相关费用合计为70万元。

应纳消费税＝1 000×20%+500×1 000×2×0.5/10 000=250（万元）

方案二，甲企业先委托乙企业将制酒原料加工成高纯度白酒，收回后由甲企业继续生产成白酒销售。甲企业提供价值为250万元的制酒原料，委托乙企业加工成高纯度白酒，支付加工费180万元，加工成400吨高纯度白酒运回甲企业后，再由甲企业加工成500吨本品牌的白酒销售，每吨售价2万元。甲企业发生的相关加工成本及其应该分摊的相关费用合计为40万元。

方案二属于部分委托加工的生产方式（即将制酒原料生产成半成本高纯度白酒），适用于委托加工的计税方法。

受托方代扣代缴的消费税如下：

消费税组成计税价格 =（250+180+400×1 000×2×0.5/10 000）/（1-20%）= 587.5（万元）

应代扣代缴消费税 = 587.5×20%+400×1 000×2×0.5/10 000=157.5（万元）

当企业销售白酒时，应缴纳的消费税如下：

应纳消费税 = 1 000×20%+500×1 000×2×0.5/10 000=250（万元）

在方案二中，甲企业合计应缴纳消费税407.5万元（157.5+250）。

方案三，甲企业直接委托乙企业将制酒原料加工成最终产品，收回后直接对外销售。甲企业给乙企业提供制酒原材料，由乙企业完成白酒的生产制作，即甲企业从乙企业收回的产品就是合同约定的该品牌白酒，协议加工费为220万元。产品运回后仍以原价直接销售。

方案三属于全部委托加工的生产方式，适用于委托加工计税方法。

受托方代扣代缴的消费税如下：

消费税组成计税价格 =（250+220+500×1 000×2×0.5/10 000）/（1-20%）= 650（万元）

应代扣代缴的消费税 = 650×20%+500×1 000×2×0.5/10 000=180（万元）

税法规定，委托方将收回的应税消费品以不高于受托方的计税价格出售的，属于直接出售，不再缴纳消费税；委托方以高于受托方的计税价格出售的，不属于直接出售，须按规定申报缴纳消费税，在计税时准予扣除受托方已代收代缴的消费税。

由于最终销售价格1 000万元＞650万元，因此不属于直接出售，须按照法律规定申报缴纳消费税，并在计税时准予扣除受托方已代收代缴的消费税。

应纳消费税 = 1 000×20%+500×1 000×2×0.5/10 000-180=70（万元）

在方案三中，甲企业合计应缴纳消费税250万元（180+70）。

方案四，甲企业自己生产制作本品牌白酒，其发生的相关生产成本恰好等于委托乙企业的加工费 220 万元。

方案四属于自行加工的生产方式，适用于自行加工的计税方法。

应纳消费税 = 1 000×20%+500×1 000×2×0.5/10 000=250（万元）

通过对比以上四个方案，甲企业在委托加工环节由受托方代扣代缴的消费税依次为 0 万元、157.5 万元、180 万元和 0 万元，方案一和方案四的税负相同，方案三的税负最重。甲企业应缴纳的消费税依次为 250 万元、250 万元、70 万元和 250 万元，方案一、方案二和方案四的税负相同，方案三的税负最轻。甲企业合计缴纳的消费税依次为 250 万元、407.5 万元、250 万元和 250 万元，方案一、方案三和方案四的税负相同，方案二的税负最重。

> **纳税小课堂**
>
> 我国《消费税暂行条例》第四条规定，委托加工的应税消费品，由受托方在向委托方交货时代收代缴税款。《消费税暂行条例》第八条规定，委托加工的应税消费品，按照受托方的同类消费品的销售价格计算纳税；没有同类消费品销售价格的，按照组成计税价格计算纳税。组成计税价格的计算公式：组成计税价格＝（材料成本＋加工费）/（1-消费税税率）。

9.4.3 税率选择及计税依据的纳税筹划

税率选择及计税依据的纳税筹划详见下文。

1. 税率选择的纳税筹划

消费品所适用的税率是固定的，只有在出现兼营不同税率应税消费品的情况下，纳税人才可以选择合适的销售方式和核算方式，以达到适用较低消费税税率的目的，从而降低税负。

税法规定，纳税人兼营不同税率的应税消费品（或非应征消费税货物），应当分别核算不同税率应税消费品的销售额或销售数量；未分别核算的，按最高税率征税。

消费税的兼营行为，主要指消费税纳税人同时经营两种以上税率的应税消费品的行为。对于这种兼营行为，税法明确规定：纳税人兼营多种不同税率的应税消费品的企业，应分别核算不同税率应税消费品的销售额、销售数量；未分别核算销售额、销售数量，或将不同税率的应税消费品组成成套消费品销售的，从高适用税率。

关于消费品在销售过程中的组合问题，企业应衡量有无必要组成成套消费品销售，以免给企业造成不必要的税收负担。

下面我们通过【案例3】具体了解税率选择纳税筹划的方法。

【案例3】某日用化妆品厂，将生产的化妆品、护肤护发品、小工艺品等组成成套消费品销售。每套消费品由下列产品组成：化妆品包括一瓶香水（300元）、一瓶指甲油（100元）、一支口红（150元）；护肤护发品包括两瓶浴液（100元）、一瓶摩丝（80元）、一块香皂（20元）；化妆工具及小工艺品（100元）、塑料包装盒（5元）。上述价格均不含税。

将产品包装后再销售给商家，每套消费品应纳消费税如下：

应纳消费税 =（300+100+150+100+80+20+100+5）×15%=128.25（元）

该日用化妆品厂可以改变做法，将上述产品先分别销售给商家，再由商家包装后对外销售。在实际操作中，只需更换包装地点，并将产品分别开具发票，账务上分别核算销售收入即可。

应纳消费税 =（300+100+150）×15%=82.5（元）

每套化妆品节税额 = 128.25-82.5=45.75（元）

若上述产品采取"先销售后包装"的方式，在账务上未分别核算其销售额，则税务部门将按照15%的最高税率对所有产品征收消费税。

2. 计税依据的纳税筹划

计税依据的纳税筹划有以下两种方式：

（1）先销售后入股的方式

当纳税人用应税消费品交换货物或投资入股时，价格一般根据双方协商或评估确定，协商价格一般为市场平均价。如果以同类应税消费品的最高售价作为计税依据，显然会增加纳税人的纳税负担。因此，如果我们采用先销售后入股的方式（换货、抵债），基本上就能达到减轻税收负担的目的。

（2）成立独立核算的销售机构

消费税的纳税发生在生产领域（包括生产、委托加工和进口），而不是流通领域或最终消费环节（金银珠宝除外）。因此，关联企业中生产（委托加工、进口）应税消费品的企业，在零售等特殊情况下，如果以较低但不违反公平交易的销售价格将应税消费品销售给其独立核算的销售部门，则可降低销售额，减少应纳消费税税额。由于独立核算的销售部门处在销售环节，只缴纳增值税，不缴纳消费税，因此可使企业整体消费税税负下降，但增值税税负不变。

下面我们通过【案例4】和【案例5】具体了解先销售后入股的方式和成立独立核算的销售机构的纳税筹划方法。

【案例4】精诚摩托车生产企业2020年7月在对外销售同型号的摩托车时共有三种价格，以4 000元的单价销售50辆，以4 500元的单价销售10辆，以4 800元的单价销售5辆。另外，该企业当月以20辆同型号的摩托车与甲企业换取原材料，双方按当月的加权平均销售价格确定摩托车的价格。假定摩托车消费税税率为10%，请对精诚摩托车生产企业的消费税进行纳税筹划。

方案一，按一般方法计算消费税。

应纳消费税 = 4 800×20×10%=9 600（元）

方案二，如果该企业按照当月的加权平均单价将这20辆摩托车销售后，再购买原材料，则：

应纳消费税 =（4 000×50+4 500×10+4 800×5）/（50+10+5）× 20×10%=8 267.92（元）

方案二比方案一少缴纳消费税1 323.8元（9 600-8 267.92），因此，精诚摩托车生产企业应当选择方案二。

【案例5】某白酒生产企业2020年5月预计销售白酒50吨，白酒批发价格为每吨3.5万元（不含税价），零售价格为每吨5万元（不含税价）。白酒的比例税率为20%，定额税率为0.5元/500克。

方案一，直接销售给消费者。

应纳消费税 = 50×2 000×0.000 05+50×5×20%=5+50=55（万元）

方案二，先将白酒以每吨3.5万元的价格出售给独立核算的销售公司，然后销售公司再以每吨5万元的价格销售给消费者。

由于该白酒生产企业消费税计税价格不低于销售单位对外销售价格的70%，所以无须核定计税价格。

应纳消费税 = 50×2 000×0.000 05+50×3.5×20%=5+35=40（万元）

方案二比方案一少缴纳销售税15万元（55-40），因此，该白酒生产企业应当选择方案二。但企业销售给销售公司的价格不应低于对外销售价格的70%，如果销售价格"明显偏低"，主管税务机关将对价格重新进行调整。

纳税小课堂

消费税的筹划方式还包括利用结转销售收入合理节税。比如，利用"以物易物"销售方式少计销售收入。当甲、乙两个企业均需要对方的产品时，在购销时往往实行"以物易物"的销售方式，即双方通过协商均以低价出售。这样做可以在双方利益均不受影响的前提下，使双方都可以通过低价销售达到少缴纳消费税的目的。

实操笔记

【计算题】A化妆品公司生产并销售系列化妆品和护肤护发产品。公司新研制出一款面霜，为推销该款面霜，公司把几种销售比较好的产品与该款面霜组套销售，其中包括售价40元的洗面奶，售价90元的眼影，售价80元的粉饼及该款售价120元的面霜，包装盒费用为20元。组套销售定价为350元。以上均为不含税价款，根据现行消费税税法的规定，纳税筹划化妆品的税率为15%，护肤护发品免征消费税。请计算并分析A化妆品公司应如何进行消费税的纳税筹划。

答案：洗面奶和面霜是护肤护发品，不属于消费税的征收范围；眼影和粉饼属于化妆品，适用15%的税率。如果采用组套销售方式，则该公司每销售一套产品，都须缴纳消费税。

应纳消费税 =350×15%=52.5（元）

而如果改变做法，A化妆品公司在将其生产的商品销售给商家时，暂时不组套（配比好各种商品的数量），并按不同商品的销售额分别核算，分别开具发票，由商家按照设计组套包装后再销售（实际上只是将组套包装的地点、环节调整一下，即向后推移），则：

应纳消费税＝（80+90）×15%=25.5（元）

第二种方法比第一种方法每套产品可以节约税款27元（52.5-25.5），因此，A化妆品公司应当选择第二种方法。

【想一想】在对消费税的征收范围进行纳税筹划时应考虑什么？

答案：在对消费税的征收范围进行纳税筹划时，应考虑企业若想从源头上节税，在投资决策时应避开应税消费品，选择其他符合国家政策、在流转税和所得税方面有优惠的产品进行投资。

【计算题】金星酒业公司将价值500万元的制酒原料交给另一家白酒生产企业红星酒厂，由红星酒厂完成所有的制作程序，即金星酒业公司从红星酒厂收回的产品就是指定的某品牌粮食白酒。协议加工费为440万元，产品运回后以合同协议价格直接销售。当金星酒业公司收回委托加工产品时，向红星酒厂支付加工费，同时支付由其代扣代缴的消费税。请计算金星酒业公司应缴纳的消费税。

答案：应纳消费税＝（500+440）/（1-25%）×25%+200×2 000×0.5/10 000=333.33（万元）。

9.5 企业所得税的纳税筹划

小赵跳槽到A公司当会计，在进行企业所得税纳税申报时发现A公司企业所得税税额有问题，可能存在漏税、偷税的行为。出于谨慎，小赵询问了从事税务工作的朋友。朋友告诉小赵，A公司由于进行了纳税筹划，企业所得税税额才比正常的低。由于小赵之前任职的公司为中小型公司，没有进行过纳税筹划，经过这件事，小赵才知道原来可以通过纳税筹划的方法来帮助企业达到节税的目的。

9.5.1 纳税筹划的方法

企业所得税纳税筹划的方法有以下两种。

1. 利用亏损结转进行纳税筹划

根据《企业所得税法》第十八条的规定，企业纳税年度发生的亏损，准予向以后年度结转，用以后年度的所得弥补，但结转年限最长不得超过5年。

纳税人在前5年发生的亏损，用本年度的所得弥补时，不会对本年度的会计利润产生影响，因为弥补亏损在会计上无须做专门的账务处理，企业以前年度的亏损就可以得到弥补。我们可以通过适当、合理地扩大当年的亏损额来系统地筹划企业应税额，减少企业纳税负担。

这里需要注意的是，企业的年度亏损额是按税法规定的方法计算出来的，不能利用多算成本和多列工资、招待费、其他支出等手段虚报亏损。企业必须正确地计算申报亏损，才能通过纳税筹划获得合法利益，否则，为亏损结转而虚报亏损会导致触犯税法而受到法律的惩处。

下面我们通过【案例1】具体了解利用亏损结转进行纳税筹划的方法。

【案例1】A企业2014年发生年度亏损100万元，假设该企业2014年到2020年各纳税年度应纳税所得额如表9-2所示。

表 9-2　2014 年到 2020 年各纳税年度应纳税所得额

金额单位：万元

年份	2014	2015	2016	2017	2018	2019	2020
应纳税所得额	-100	10	10	20	30	10	600

请计算该企业 2020 年应缴纳的企业所得税是多少，并提出纳税筹划方案。

【纳税筹划方案】

根据税法关于亏损结转的规定，A 企业 2014 年的 100 万元亏损，可分别用 2015 年到 2019 年的 10 万元、10 万元、20 万元、30 万元和 10 万元来弥补。由于 2015 年到 2019 年的应纳税所得额总计为 80 万元，低于 2014 年的亏损，因此，从 2014 年到 2019 年，该企业都不需要缴纳企业所得税。2020 年的应纳税所得只能弥补 5 年以内的亏损，也就是说，不能弥补 2014 年的亏损。由于 2015 年以来该企业一直没有亏损，因此，2020 年应当缴纳企业所得税：600×25%=150（万元）。

从 A 企业各年度的应纳税所得额来看，其生产经营一直朝好的方向发展。2019 年之所以应纳税所得额比较少，可能是因为增加了投资或者各项费用的支出等。由于 2014 年仍有未弥补完的亏损，因此，如果企业能在 2019 年进行纳税筹划，压缩成本和支出，尽量增加企业的收入，将 2019 年的应纳税所得额提高到 30 万元，同时将 2019 年压缩的成本和支出在 2020 年予以开支；那么，2019 年的应纳税所得额为 30 万元，2020 年的应纳税所得额为 580 万元。

根据税法亏损弥补的相关规定，A 企业在 2019 年的应纳税所得额可以用来弥补 2014 年的亏损，而 2020 年的应纳税所得额则全部计算缴纳企业所得税。这样，该企业在 2020 年应当缴纳企业所得税：580×25%=145（万元）。减少企业所得税应纳税额：150-145=5（万元）。

2. 境外所得已纳税额的抵免纳税筹划

关于境外投资所得补缴税款的计算问题，《境外所得计征所得税暂行办法（修订）》（财税字〔1997〕第 116 号）规定：纳税人在境外缴纳的所得税，在汇总纳税时，可选择以下一种方法予以抵扣，抵扣方法一经确定，不得任意更改。

（1）分国不分项抵扣

企业能全面提供境外完税凭证的，可采取分国不分项抵扣。纳税人在境外已缴纳的所得税税款应按国别（地区）进行抵扣。在境外已缴纳的所得税税款，包括纳税人在境外实际缴纳的税款及按规定视同已缴纳的所得税税款。纳税人应提供所在国（地区）税务机关核发的纳税凭证或纳税证明以及减免税有关证明，如实申报在境外缴纳的所得税税款。

(2) 定率抵扣

为便于计算和简化征管，经企业申请，税务机关批准，企业也可以不区分免税或非免税项目，统一按境外应纳税所得额 16.5% 的比率抵扣。

上述规定给纳税人计算境外所得补缴税款提供了筹划空间。世界各国的企业（公司）所得税税率的设置是不同的。多数国家或地区采用单一税率，其税率水平高低不等，低的只有 10%～20%，高的可达 50%～60%。发达国家的税率一般都在 30%～40%，如英国 33%、美国 34% 等。也有少数国家，如危地马拉、巴拿马等，其企业所得税采用多级累进税率以体现按能负担的原则。税率的不同，决定着企业（公司）所得税税负的不同，由于计算境外所得抵扣税额的方法有两种，其计算补缴税款的金额是不同的，因此，纳税人可以根据被投资国的所得税税率的高低，选择采用哪种方法进行抵扣。

下面我们通过【案例 2】具体了解境外所得已纳税额的抵免纳税筹划的方法。

【案例 2】C 企业 2010 年境内应纳税所得额为 100 万元，所得税税率为 25%。该企业在 A、B 两国设有分支机构，在 A 国机构的应税所得额为 40 万元，A 国的所得税税率为 30%；在 B 国机构的应税所得额为 46 万元，B 国的所得税税率为 35%。该企业在 A、B 两国已分别缴纳所得税 11 万元、13 万元。假设该企业在 A、B 两国的应税所得额按我国税法计算分别为 45 万元和 48 万元。

(1) 限额抵扣法

境内、境外所得按我国税法计算的应纳税额 =（100+45+48）×25%=48.25（万元）

A 国的抵扣限额 = 境内、境外所得按税法计算的应纳税总额 ×（来源于 A 国的所得/境内、境外所得总额）=（100+45）×25%×[45/(100+45)]=11.25（万元）

B 国的抵扣限额 = 境内、境外所得按税法计算的应纳税总额 ×（来源于 B 国的所得/境内、境外所得总额）=（100+48）×25%×[48/(100+48)]=12（万元）

C 企业在 A 国缴纳所得税 11 万元，低于抵扣限额 12 万元，可全额抵扣；在 B 国缴纳所得税 13 万元，高于抵扣限额 12 万元，超过限额 1 万元，当年不得抵扣。

该企业当年境内、境外所得应纳所得税 = 48.25-12-12=24.25（万元）

（2）定率抵扣法

抵扣额 =（45+48）×16.5%=15.345（万元）

应纳所得税 = 48.25-15.345=32.905（万元）

比较上述计算结果，C 企业采用限额抵扣法比采用定率抵扣法节省税收 8.655 万元（32.905-24.25）。

可见，纳税人选择哪一种方法进行抵扣，要根据实际情况进行纳税筹划后，选择能够使企业利益最大化的方案。

> **纳税小课堂**
>
> 企业所得税还可以通过以下六种方式进行纳税筹划：
> （1）利用税收优惠政策开展纳税筹划，选择投资地区与行业；
> （2）合理利用企业的组织形式开展纳税筹划；
> （3）利用收入确认时间的选择开展纳税筹划；
> （4）利用存货计价方法开展纳税筹划；
> （5）利用费用扣除标准的选择开展纳税筹划；
> （6）利用折旧方法开展纳税筹划。

9.5.2 存在的问题及措施

1. 企业所得税纳税筹划存在的问题

（1）税收制度不够完善

法律本身具有滞后性这一鲜明特点。很多时候，相关法律会在事物发生之后才逐渐出台，税收制度同样如此。通常情况下，税收制度都是针对特定情况制定的。但社会的发展使得企业随时都有可能面临新的财税状况，这些状况有可能还没有相应的税收制度进行指导。

（2）纳税筹划存在风险

从我国纳税筹划实际情况来看，纳税人在进行纳税筹划过程中普遍认为，只要纳税筹划可以减轻税负、增加自身收入就达到目的了，而很少考虑纳税筹划的风险性。事实上，纳税筹划作为一种规划决策的方法具有潜在的风险：首先，纳税筹划是主观的；其次，纳税筹划在双方身份识别方面存在差异。换言之，即使是合法的纳税筹划行为，其结果也可能由于与税务行政执法的偏离，导致纳税筹划方案不起作用。

（3）涉税人员水平参差不齐

企业所得税纳税筹划在中国起步较晚，涉税人员水平参差不齐。受企业发展状况限制，很多企业没有专业的税务筹划师、税务精算师或处理税务工作的专业团队，有些中小企业甚至只有一名财会人员。

2. 提高企业所得税纳税筹划效果的措施

（1）提高纳税筹划的意识

企业财税人员需要提高纳税筹划的意识，在涉及税务方面的工作时，要有意识地探寻是否存在可节税、控税的地方，谨慎对待税务工作，最大限度地帮助企业降低税负。

（2）降低纳税筹划的风险

为降低纳税筹划的风险，必须熟悉各项税收法律条文，充分认识立法精神，准确把握税收政策的内涵；充分了解地方税收征管的特点和具体要求，使纳税筹划活动得到当地税务机关的认可；聘请纳税筹划专家，以提高纳税筹划的权威性和可靠性。

（3）定期培训财税人员

财税人员必须具有一定的实际业务运营能力。因此，有必要不断提高企业财税人员的水平，定期开展培训工作，使其及时掌握新的纳税筹划知识。

纳税小课堂

企业在进行企业所得税纳税筹划时会遇到以下三种风险，经营者应重视风险管理。

（1）操作风险。它主要表现在两个方面：一方面，企业在系统性纳税筹划过程中对税收政策的整体把握不够，导致运用时产生一定的风险；另一方面，企业对有关税收优惠政策的运用和执行不到位，产生一定的风险。

（2）经营风险。企业在开展纳税筹划时，其筹划方案的制定与实施对企业经营活动会产生重要的影响。因此，在筹划方案实施前，财税人员须对企业日后的经营活动及风险进行评估，如果筹划方案的实施会给企业的经营带来一定的风险，则应放弃此方案。

（3）政策风险。目前，我国的税收政策处于不断完善与变化之中，企业利用税收优惠政策开展纳税筹划，须将有关政策理解透彻，并使筹划方法和途径与政策相适应。如果企业对税收政策认识不足或理解不透彻，或者纳税筹划方法因循守旧，则很有可能违背税收法律法规，给企业所得税纳税筹划带来政策风险。

实操笔记

【单选题】以下（　　）不属于企业所得税纳税筹划存在的问题。

A. 涉税人员水平不高　　B. 纳税筹划存在风险

C. 税收制度不够完善　　D. 纳税筹划方法不够简单易懂

答案：D

【想一想】节税与漏税、偷税的区别是什么？

答案：节税是纳税人在法律允许的情况下，以合法的手段和方式减轻税收负担的经济行为。漏税、偷税在本质上是违反法律规定的行为。

【计算题】A企业2014年应纳税所得额为40万元（在此之前没有需要弥补的亏损），2015年亏损40万元，2016年亏损30万元，

2017年亏损20万元，2018年应纳税所得额为10万元（尚未弥补以前年度亏损），2019年应纳税所得额为20万元（尚未弥补以前年度亏损），2020年应纳税所得额为30万元（尚未弥补以前年度亏损）。请计算该企业2014年到2020年每年应当缴纳的企业所得税，并提出纳税筹划方案。

答案：A企业2014年应纳税所得额为40万元，由于以前年度没有需要弥补的亏损，因此2014年的应纳税额：40×25%=10（万元）。2015年到2017年均为亏损，不需要缴纳企业所得税；2018年应纳税所得额为10万元，弥补以前年度亏损后没有余额，不需要缴纳企业所得税；2019年应纳税所得额为20万元，由于前5年尚有80万元亏损没有弥补，因此，2019年仍不需要缴纳企业所得税；2020年应纳税所得额为30万元，由于前5年尚有60万元亏损没有弥补，因此，2020年也不需要缴纳企业所得税。

综上所述，该企业2014年到2020年一共需要缴纳企业所得税：40×25%=10（万元）。

根据题目可知，A企业的特征是先盈利后亏损，这种状况会导致企业在以后年度的亏损不可能用以前年度的盈利来弥补。而企业能否盈利通常是可以预测的，因此，如果企业已经预测到某些年度会发生无法避免的亏损，那么应尽量将盈利放在亏损年度以后。该企业可以在2014年多开支40万元，也就是将2015年的部分开支提前进行，而将某些收入放在2015年。

♻ 9.6 个人所得税的纳税筹划

小薇最近发现自己的工资金额与大学同学小夏的一样,但他们所缴纳的个人所得税却不大相同。出于好奇,小薇询问了公司的会计王姐。王姐告诉小薇,这是因为公司进行了个人所得税的纳税筹划,目的是保证职工能在合理、合法的情况下取得最大收益。小薇通过对个人所得税纳税筹划的学习,获得了许多新的知识。

9.6.1 个人所得税纳税筹划的意义

目前,许多纳税人已经从以前想方设法少交税,发展成积极地通过纳税筹划减轻税收负担。但在一些人的观念里,仍将纳税筹划与投机取巧结合在一起。有人不解:"纳税筹划是否违反了国家的立法精神和税收导向,是否合法?"

为了解答这样的疑问,正确引导个人所得税的纳税筹划对纳税人及经济发展具有重要的现实意义。个人所得税纳税筹划的意义主要有以下三个方面。

1. 有利于增强纳税意识

个人所得税与每个人都息息相关,进行个人所得税的纳税筹划,能够促进企业或个人对税法进行研究、学习,提高企业或个人的财税知识水平,使企业或个人及时了解税收政策的变化,有利于增强企业或个人的纳税意识。

2. 有利于纳税人实现利益最大化

纳税人在不违反国家税法的前提下,提出多个纳税方案,通过对比选择税负最少、对自己最有利的方案。这样做一方面可以减少个人所得税缴纳的税金;另一方面可以延迟现金流出的时间,从而获得货币的时间价值,提高资金的使用效率,实现经济利益最大化。这也是个人所得税纳税筹划的最终目的。

3. 有利于国家不断完善税收政策

纳税筹划主要针对国家税收提出更优方案，有利于纳税人减少纳税数额，同时也是对税收政策法规的反馈。国家通过收集和分析纳税人的纳税筹划反馈信息，可以规范现行的税法，改进相关税收法律政策。

> **纳税小课堂**
>
> 合理地进行个人所得税纳税筹划，有利于提高纳税人的实际收入，也有利于体现公司对职工的鼓励和奖励，实现个人和企业的利益最大化。当然，进行个人所得税纳税筹划的前提是，必须保证国家的利益，遵守国家的法律法规。纳税筹划是门专业性很强的学科，纳税人只有不断地钻研、学习税法法规，实时跟踪税法法规的最新动态，才能获得更大的收益。
>
> 如今，我国居民生活面临的经济压力不断增加，因此，有个人所得税筹划需求的高收入群体，有必要依据专业筹划方案推进纳税筹划工作的实施，有效提升个人实际收入水平。

9.6.2 个人所得税纳税筹划的原则

在现代社会中，税收问题备受关注。个人和企业想要合理地减轻税收负担，必须制订有效的纳税筹划方案。在进行个人所得税纳税筹划时，应当遵循以下四大原则。

1. 合法性原则

我国是法治国家，要求公民做任何事都必须在法律允许的范围内进行，一旦逾越法律底线就会受到制裁。因此，在进行个人所得税纳税筹划时，必须遵守合法性原则，这是纳税筹划的第一个原则也是最重要的原则。个人所得税纳税筹划须依法筹划，把握节税与偷税、漏税的界限。

2. 综合效益原则

合理的纳税筹划应遵守综合效益原则。如果企业进行个人所得税纳税筹划取得效益的同时增加了其他方面的开支，则这样的纳税筹划是没有意义的。

3. 专业性原则

进行个人所得税纳税筹划时，必须从专业的角度出发，制订具有可实施性的方案。只有通过专业纳税筹划方案的实施，纳税人才可能达到个人所得税纳税筹划的预期目标。

4. 事前筹划原则

事前筹划原则指的是个人所得税纳税筹划必须做好事先的安排及规划。个人经济行为一旦发生，个人所应承担的纳税义务也随之产生。这时发现税负重，进行纳税筹划是徒劳的。个人所得税纳税筹划须提前进行，通过对投资、理财活动的事先安排，减轻个人所得税税负。

> **纳税小课堂**
>
> 想要获得个人所得税纳税筹划的成功，除了要遵守上文提到的原则，还要多关注税收政策的变化，根据国家税收优惠政策及时调整纳税筹划方案，使纳税筹划工作事半功倍。

9.6.3 主要涉及项目的纳税筹划

企业或个人在进行个人所得税纳税筹划的过程中，应当根据实际情况，合理地制订筹划方案。可以分别从工资薪金所得、劳务报酬所得及稿酬所得三个方面进行纳税筹划，达到节税的目的。

1. 工资薪金所得的纳税筹划

对于工资薪金所得，依据国家现行政策，有以下两个节税建议：一是平均发，就是让职工的每月工资数额尽量平均，从而适用较低的税率，减轻税负;二是分开发,就是将职工的报酬分为工资和奖金两部分,均衡发放,减轻税负。

下面我们通过【案例1】和【案例2】具体了解工资薪金所得纳税筹划的方法。

【案例1】平均发放工资,职工不用交税

某冰激凌厂属于季节性生产企业,一年只有4个月的生产时间,职工平均工资为7 000元/月,其余8个月,职工平均工资为1 500元/月。

冰激凌厂代扣个人所得税情况:生产期间这4个月,企业每月每个职工应纳个人所得税=(7 000-5 000)×3%=60(元),每个职工共缴纳个人所得税240元;其余8个月,由于每月每个职工的工资为1 500元不到起征点,因此不纳税。

冰激凌是季节性生产企业,是国家规定的特定行业,若采用"按年计算、分月预缴"的方式计征,职工的纳税情况就会随之变化:

职工每月平均工资=(7 000×4+1 500×8)/12=3 333.34(元)

由于职工月工资没有达到起征点5 000元,因此不用预缴税金。到年底,由于全年未到起征点,因此也不用计算税金。冰激凌厂每年可以为职工人均节省个人所得税240元。

【案例2】年终奖发放整数能节约个人所得税

A公司的小李年终发放36 000元的年终奖,B公司的小赵年终发放36 001元的年终奖,虽然两者的年终奖只有1元之差,但是他们所缴纳的个人所得税大不相同。

小李:全年一次性奖金为36 000元,36 000/12=3 000(元)。

3 000元对应的税率为3%,小李全年一次性奖金应纳个人所得税=36 000×3%=1 080(元),税后全年一次性奖金为34 920元。

小赵:全年一次性奖金为36 001元,36 001/12=3 000.08(元)。

3 000.08元对应的税率为10%,速算扣除数为210元,小赵全年一次性奖金应纳个人所得税=36 001×10%-210=3 390.1元,税后全年一次性奖金为32 610.9元。

通过对比小李与小赵应纳个人所得税金额,可以发现,仅1元之差,其个人所得税相差2 310.1元,税后奖金相差2 309.1元。

2. 劳务报酬所得

个人兼有不同的劳务报酬所得，应当分别减除费用，计算缴纳个人所得税。个人在缴纳个人所得税时应明白并充分利用这一点。

下面我们通过【案例3】具体了解劳务报酬所得纳税筹划的方法。

【案例3】小王于2020年5月给几家公司提供劳务，同时取得多项收入：给某设计院设计了一套工程图纸，获得设计费3万元；给某外资企业做了15天兼职翻译，获得2万元的翻译费；给某民营企业提供技术帮助，获得4万元的报酬。

如果不进行纳税筹划，将各项所得加总计算缴纳个人所得税，则：

应纳税所得额 =（30 000+20 000+40 000）×（1-20%）=72 000（元）

应纳税额 = 72 000×40%-7 000=21 800（元）

如果进行纳税筹划，分项计算缴纳个人所得税，则：

设计费应纳税额 = 30 000×（1-20%）×30%-2 000=5 200（元）

翻译费应纳税额 = 20 000×（1-20%）×20%=3 200（元）

提供技术帮助应纳税额 = 40 000×（1-20%）×30%-2 000=7 600（元）

三者相加应纳税额 = 5 200+3 200+7 600=16 000（元）

相比加总计算应纳个人所得税税额，分项计算可以少缴5 800元。

3. 稿酬所得

我国《个人所得税法》规定，个人以图书、报刊方式出版、发表同一作品（文字作品、书画作品、摄影作品及其他作品），不论出版单位是预付还是分笔支付稿酬，或加印该作品再付稿酬，均应合并稿酬所得，按一次计征个人所得税。但对于不同的作品是分开计税的，这就给纳税筹划创造了条件。如果一本书可以分成几个部分，以系列丛书的形式出现，则该作品将被认定为几个单独的作品，单独计算纳税，这在某些情况下可以减少不少税款。

下面我们通过【案例4】具体了解稿酬所得纳税筹划的方法。

【案例4】地理学家小李准备出版一本关于中国地理知识的著作，预计将获得稿酬所得12 000元。请问小李该如何进行纳税筹划？

如果小李以一本书的形式出版该著作，则：

应纳税额 =12 000×（1-30%）×（1-20%）×20%=1 344（元）

如果在可能的情况下，小李以4本一套的形式出版系列丛书，则：

每本稿酬 = 12 000/4=3 000（元）

每本应纳税额 =（3 000-800）×20%×（1-30%）=308（元）

合计应纳税额 = 308×4=1 232（元）

但这种纳税筹划方法只适用于稿费所得每次不超过4 000元的情况。

纳税小课堂

目前，我国个人所得税的计算方法采用综合和分类相结合的形式。比如，工资薪金、劳务报酬、稿酬所得和特许权使用费所得适用综合征收，而全年一次性奖金的计税方式在借鉴综合所得的基础上有些许不同。

实操笔记

【想一想】个人所得税纳税筹划的意义有哪些？

答案：有利于增强纳税意识；有利于纳税人实现利益最大化；有利于国家不断完善税收政策。

【多选题】以下（　　）是进行个人所得税纳税筹划时必须遵守的原则。

A. 专业性原则　　　　B. 合法性原则

C. 事前筹划原则　　　D. 综合效益原则

答案：ABCD

【计算题】小方取得一项目劳务收入60 000元，在完成项目的过程中需支付交通、食宿等费用12 000元。方某和对方约定项目完成后一次性支付60 000元，你认为这样约定合理吗，为什么？

答案：不合理。12 000元为方某必须支出的费用，按目前的支付方法，方某并未实际取得该部分收入，但是承担了该部分收入的税负，这是不合理的。在这种情况下，方某应纳税额=60 000×40%-7 000=17 000（元）。

如果该部分的支出12 000元让对方承担，劳务结束之后支付方某48 000元，对方支出总额不变，则方某只用就48 000元的收入缴纳个人所得税，降低了税负。

此时，方某应纳税额=48 000×30%-2 000=12 400（元）。

相较于直接收取60 000元报酬，方某少缴纳个人所得税4 600元（17 000-12 400）。

9.7 其他税种的纳税筹划

纳税筹划是企业财务工作的重点，有些企业会设置专门的税务岗位，由专人来负责税务的核算和筹划。为了满足实际工作需要，财税人员需要全面掌握纳税筹划的方法，包括除主要税种以外其他税种的纳税筹划方法。

一般企业需要缴纳的其他税种主要有房产税、车船税、印花税、城建税、契税、车辆购置税等。本节我们来一起认识这些税种的纳税筹划方法。

9.7.1 房产税的纳税筹划

当企业对房产进行买卖、修整、扩建及租赁时，财税人员需要充分考虑与房产税相关的征收规则，并适当调整相关纳税筹划方案，以达到合理避免额外房产税支出的目的。一般来说，企业房产税的纳税筹划主要涉及以下三个方面。

1. 降低房产原值的纳税筹划

并非所有的房屋附属建筑都需要计入房产原值，部分不在房产税征收范围内、非房屋功能的附属建筑，可以通过合理的纳税筹划"划出"房产税的计税范围。为了节省房产税支出，我们可以对部分附属建筑的建设形式做出适当改变。

下面我们通过【案例1】具体了解降低房产原值的纳税筹划的方法。

【案例1】A企业位于甲市市区，除办公用房、厂房外，A企业还将建设厂区围墙、停车场、烟囱、变电站、水塔、游泳池等建筑物，工程造价共计12亿元，非办公用房、厂房的建筑设施工程造价总计4亿元。

假设当地政府规定的扣除比例为25%，请对A企业的房产税进行纳税筹划。

【纳税筹划依据】

房产是以房屋形态表现的财产，与房屋不可分离的附属建筑均属于房产。

在房产税征收范围内的、具备房屋功能的地下建筑，如与地上房屋相连的地下建筑、完全建在地面以下的建筑、地下人防设施等，均应当依照有关规定征收房产税；但独立于房屋的建筑物，如围墙、暖房、水塔、烟囱、室外游泳池等，不属于房产。

【纳税筹划思路】

企业可以将除办公用房、厂房以外的建筑物，如停车场、游泳池等，都建为露天建筑，并且将其造价与办公用房、厂房的造价分开，在会计账簿中单独核算，那么这部分建筑物的造价可以不计入房产原值，不用缴纳房产税。

【纳税筹划执行】

方案一，将所有建筑物都作为房产计入房产原值。

应纳房产税 = 120 000×（1-25%）×1.2%＝1 080（万元）

方案二，将除办公用房、厂房以外的建筑建为露天建筑，并且将其造价与办公用房、厂房的造价分开，在会计账簿中单独核算。

应纳房产税 =（120 000-40 000）×（1-25%）×1.2%=720（万元）

方案二比方案一少缴纳房产税 360 万元（1 080-720），因此，A 企业应当选择方案二。此方案可降低房产税的计税依据（房产原值），从而降低房产税税负；但是，将停车场、游泳池等建为露天建筑，有时未必能够满足企业的需求。

2.降低租金收入的纳税筹划

当企业出租房产的实际租金与各项代收费用总额过大，甚至代收费用高于实际租金时，可以采取合理的方式减少房产税支出。

我们通过【案例2】具体了解降低租金收入的纳税筹划的方法。

【案例 2】A 公司旗下有一个游乐设施齐全的大型游乐场，对外出租为主题公园。第一个三年每年租金 780 万元，并代收水电费 1 000 万元，物业管理费 120 万元，共计 1 900 万元。

请对A公司第一个三年的年租金收入进行房产税纳税筹划。

【纳税筹划依据】

出租房产的房产税采用从租计征方式，以租金收入作为计税依据，按 12%的税率计征。

【纳税筹划思路】

由于房产税从租计征方式的计税依据是房产的租金收入，因此，为了合理降低计税金额，A 公司可将代收项目收入与实际租金收入分开核算，并分开签订合同。这样一来，代收项目收入将不计入房产的租金收入，不需要缴纳房产税。

【纳税筹划执行】

方案一，A公司与承租方签订租赁合同，合同中约定的租金为1 900万元。

应纳房产税＝1 900×12%=228（万元）

方案二，各项收入分别签订相关合同。例如，水电费由承租人根据实际耗用量和规定单价进行结算、代收代缴，物业管理费由承租方与物业公司签订合同。

应纳房产税＝（1 900-1 000-120）×12%=93.6（万元）

方案二比方案一少缴纳房产税134.4万元（228-93.6），因此，A公司应当选择方案二。此方案可降低房产税的计税金额，进而降低房产税税负。

3. 修理房产的纳税筹划

假设企业要对其房屋进行修理，导致该房屋长时间不能使用。在这种情况下，企业能否通过纳税筹划合理减免房产税呢？答案当然是肯定的。

下面我们通过【案例3】具体了解修理房产的纳税筹划的方法。

【案例3】为延长房产使用年限，A公司决定对已有写字楼进行大修理，该写字楼账面价值[1]320万元，预计从2020年1月1日起修理，拟用原材料140万元，进项税额21万元，人工费14万元。现有两种方案可供选择，方案一耗时4个月，方案二耗时8个月，两种方案耗用的成本相同。

假设当地房产原值减除比例为25%，请对A公司的房产税进行纳税筹划。

【纳税筹划依据】

纳税人因房产大修理导致连续停用半年以上的，在房产大修理期间可免征房产税，免征额由纳税人在申报缴纳房产税时自行计算扣除，并在申报表附表或备注栏中做出相应说明。

值得注意的是，如果纳税人对原有房产进行了改建、扩建，那么该房产的房产原值有可能增加。

【纳税筹划思路】

为享受房产大修理期间的免征房产税税收优惠，纳税人修理房产的时间最

---

[1] 账面价值：按会计核算的原理和方法反映计量的企业价值。它是账户的账面余额减去相关备抵项目后的净额，即固定资产、无形资产账面余额与其累计折旧、累计摊销的差额。

好在半年以上，因为只有房产大修理时的房产停用期达到半年，才可以免征房产税。

【纳税筹划执行】

方案一，对房屋进行修理，自 2020 年 1 月 1 日起，耗时 4 个月。

1—4 月应纳房产税合计 = 320×（1-25%）×4/12=80（万元）

5—12 月应纳房产税合计 =（320+140+21+14）×（1-25%）×8/12=247.5（万元）

全年应纳房产税 = 80+247.5=327.5（万元）

方案二，对房屋进行修理，自 2020 年 1 月 1 日起，耗时 8 个月。

1—8 月免征房产税

9—12 月应纳房产税合计 =（320+140+21+14）×（1-25%）×4/12=123.75（万元）

全年应纳房产税 = 0+123.75=123.75（万元）

方案二比方案一少缴纳房产税 203.75 万元（327.5-123.75），因此，A 公司应当选择方案二。企业在修理房产时，应创造条件充分运用相关税收优惠政策，以获取最大的节税利益。

9.7.2 车船税的纳税筹划

在实际操作中，财税人员可以根据车船税从量定额计税的特点，进行车船税的纳税筹划，即在不影响企业正常工作的情况下，利用车船税税目税额的临界点，选取最佳执行方案，以节省企业的税务开销。

下面我们通过【案例 4】和【案例 5】具体了解车船税纳税筹划的方法。

【案例 4】甲公司欲购买一艘船作为观景游轮。现有两艘船可供选择：一艘船净吨位为 2 050 吨，另一艘船的净吨位为 1 950 吨。请对甲公司的车船税进行纳税筹划。

【纳税筹划依据】

《车船税税目税额表》中，船舶具体适用的税额为：

▶净吨位小于或者等于 200 吨的，每吨 3 元；

▶净吨位 201 吨至 2 000 吨的，每吨 4 元；

▶净吨位 2 001 吨至 10 000 吨的，每吨 5 元；

▶净吨位 10 001 吨及以上的，每吨 6 元。

【纳税筹划思路】

车船税的税率是一种全额累进的定额税率,即根据船舶达到的单位税额等级,对船舶按相应等级的单位税额征税。净吨位等级越大,适用的单位税额也越大。

对于这种形式的税率,纳税人应充分利用其临界点,避免购买的船舶净吨位处于略高于两级临界点的位置,出现税额大幅增长的情况。

【纳税筹划执行】

方案一,购买净吨位为 2 050 吨的船,适用税额为 5 元/吨。

应纳车船税 = 2 050×5=10 250(元)

方案二,购买净吨位为 1 950 吨的船,适用税额为 4 元/吨。

应纳车船税 = 1 950×4=7 800(元)

方案二比方案一少缴纳车船税 2 450 元(10 250-7 800),因此,甲公司应当选择方案二。企业在购置船舶时,应考虑吨位变化与税负变化之间的联系,并比较不同吨位所带来的税额差异,然后选择最佳吨位的船只。

【案例 5】 位于上海市的 A 公司 2019 年需购置 25 辆汽车作为商务用车,汽车市场根据要求提供了两种乘用汽车,排气量分别为 2.5 升和 2.6 升。已知 2019 年度上海市新公布的《车船税税目税率表》中,该地区乘用汽车的车船税税率为:排气量在 2.0 升以上至 2.5 升(含)的,每辆 660 元;排气量在 2.5 升以上至 3.0 升(含)的,每辆 1 200 元。请对 A 公司的车船税进行纳税筹划。

【纳税筹划依据】

上海市 2019 年依照车船税法所附的《车船税税目税额表》,规定乘用车按发动机气缸容量(排气量)分档,具体适用的税额为:

▶ 1.0 升(含)以下的,每辆 60 元;

▶ 1.0 升以上至 1.6 升(含)的,每辆 300 元;

▶ 1.6 升以上至 2.0 升(含)的,每辆 360 元;

▶ 2.0 升以上至 2.5 升(含)的,每辆 660 元;

▶ 2.5 升以上至 3.0 升(含)的,每辆 1 200 元;

▶ 3.0 升以上至 4.0 升(含)的,每辆 2 400 元;

▶ 4.0 升以上的,每辆 3 600 元。

【纳税筹划思路】

与【案例4】类似，A公司在购买车辆时，为了降低企业税负，应尽量选取排气量小的乘用车购买，以降低适用税额。

【纳税筹划执行】

方案一，购买25辆排气量为2.5升的乘用汽车。

应纳车船税 = 25×660=16 500（元）

方案二，购买25辆排气量为2.6升的乘用汽车。

应纳车船税 = 25×1 200=30 000（元）

方案一比方案二少缴纳车船税13 500元（30 000-16 500），因此，A公司应当选择方案一。在不影响正常工作的情况下，企业可选择购置排气量较小的乘用汽车，这样不仅能够降低税额，还有利于环境保护，一举两得。

9.7.3 印花税的纳税筹划

企业在印花税的纳税过程中，如果能够根据实际情况，选择分开记载经济事项、采取保守金额、改变借款方式和利用分期租赁这四种方法来进行纳税筹划，就可以充分利用现有资源，达到合理节税的目的。

1.分开记载经济事项进行纳税筹划

分开记载经济事项，即在合同中分别记载各项经济事项的金额，每项经济事项都按照与之对应的适用税率进行应交印花税的计算。

下面我们通过【案例6】具体了解分开记载经济事项进行纳税筹划的方法。

【案例6】甲铝合金门窗生产企业受乙建筑安装公司委托，负责加工一批铝合金门窗，加工所需原材料由甲铝合金门窗生产企业提供。甲铝合金门窗生产企业共收取加工费及原材料费共计300万元，其中原材料价值为200万元，加工费为100万元。请对甲铝合金门窗生产企业的印花税进行纳税筹划。

【纳税筹划依据】

对于由受托方提供原材料的加工合同，若在合同中分别记载加工费金额和原材料金额的，应分别按"加工承揽合同""购销合同"计税，即加工费金额按加工承揽合同适用 0.5‰ 的税率计税，原材料金额按购销合同适用 0.3‰ 的税率计税，两项税额相加数，即为合同应贴印花；若合同中未分别记载的，则从高适用税率，即全部金额依照加工承揽合同适用 0.5‰ 的税率计税。

【纳税筹划思路】

甲铝合金门窗生产企业只要在合同中将受托方所提供的加工费金额与原材料金额分开记载，就能够达到节税的目的。

【纳税筹划执行】

方案一，合同中分别记载甲铝合金门窗生产企业收取的原材料费为 200 万元，加工费为 100 万元。

甲铝合金门窗生产企业应交印花税 = 200×0.3‰ +100×0.5‰ =0.11（万元）

方案二，合同只记载了甲铝合金门窗生产企业收取加工费及原材料费共计 300 万元。

甲铝合金门窗生产企业应交印花税 = 300×0.5‰ =0.15（万元）

方案一比方案二少缴纳印花税 0.04 万元（0.15-0.11），因此，甲铝合金门窗生产企业应当选择方案一。企业在合同中将受托方所提供的加工费金额与原材料金额分开记载，使得加工费金额按加工承揽合同适用 0.5‰ 的税率计税，原材料金额按购销合同适用 0.3‰ 的税率计税，从而达到节税的目的。

2. 采取保守金额进行纳税筹划

采取保守金额，即在相关法律允许的范围内将合同金额保守记载。

下面我们通过【案例7】具体了解采取保守金额进行纳税筹划的方法。

【案例7】甲和乙在订立合同之初认为履行合同金额为 2 000 万元，并且在合同中记载了履行金额 2 000 万元，而实际最终结算时发现只履行金额 1 000 万元。假设适用印花税税率为 1‰，请对甲和乙的印花税进行纳税筹划。

【纳税筹划依据】

已贴花凭证修改后所载金额增加的，其增加部分应当补贴印花税票，减少部分不退印花税。

【纳税筹划思路】

在合同设计时，双方当事人就应充分地考虑到以后经济交往中可能出现的各种情况，并根据这些可能出现的情况，确定比较合理、保守的金额。

【纳税筹划执行】

方案一，将合同金额确定为 2 000 万元。

甲和乙应纳印花税 = 2 000×1‰ ×2=4（万元）

方案二，将合同金额确定为 1 000 万元，实际履行过程中若增加了履行金额，则就增加部分补贴印花税票。

甲和乙应纳印花税 = 1 000×1‰ ×2=2（万元）

方案二比方案一少缴纳印花税 2 万元（4-2），因此，甲和乙应当选择方案二。将合同金额保守记载，可降低印花税计税依据，从而降低印花税税负，但必须遵循相关法律法规的规定。如果过低记载合同金额，有可能导致未来最终结算金额升高后出现不必要的经济纠纷。

3. 改变借款方式进行纳税筹划

对于企业来说，借款是不可避免的经济活动，如果能够选择合适的借款方式，就可以合理节税，降低企业经营成本。

下面我们通过【案例8】具体了解改变借款方式进行纳税筹划的方法。

【案例8】甲企业欲借款 20 000 万元，现有两种借款方可供选择：一是从乙商业银行借款，二是从关系较好的丙企业借款。假设借款年利率都为5%，其他借款条件相同，请对甲企业的印花税进行纳税筹划。

【纳税筹划依据】

银行及其他金融机构与借款人（不包括同业拆借[1]）所签订的合同，以及只填开借据并且作为合同使用而取得银行借款的借据，应按照"借款合同"税目，按借款金额 0.05‰ 的税率贴花，而企业之间的借款合同不属于印花税的征税范围，不用贴花。

【纳税筹划思路】

对企业来说，在贷款利率相同或差异较小时，与从金融机构借款相比，从其他企业借款可以降低印花税税负。

【纳税筹划执行】

方案一，从乙商业银行借款。

---

[1] 同业拆借：又称同业拆放市场，是金融机构之间进行短期、临时性头寸调剂的市场，其中"头寸"指的是个人或实体持有或拥有的特定商品、证券、货币等的数量。

甲企业应纳印花税 = 20 000×0.05‰ =1（万元）

方案二，从丙企业借款。

甲企业无须缴纳印花税。

方案二比方案一少缴纳印花税1万元，因此，甲企业应当选择方案二。不过由于从其他企业借款的利率一般大于从商业银行借款，因此不能只考虑印花税税负因素。在实际情况中，企业应分别计算从企业借款和从商业银行借款的费用，进行对比，再选择最佳方案。

4. 利用分期租赁进行纳税筹划

企业通过分次签订合同，可以使租赁双方在较长的时间内缴纳印花税，在保证缴纳印花税总额基本不变的情况下，延缓了纳税时间，利用了资金的时间价值。

下面我们通过【案例9】具体了解利用分期租赁进行纳税筹划的方法。

【案例9】甲企业从乙租赁公司租入生产设备一台，双方于2014年1月1日签订了租赁合同，合同规定，该设备租期为10年，每年租金为100万元，10年共计1 000万元。请对甲企业的印花税进行纳税筹划。

【纳税筹划依据】

应纳税凭证应当于书立或者领受时贴花。也就是说，经济当事人在书立合同之时，其纳税义务便已经发生，应当按照规定贴花。

【纳税筹划思路】

若对某设备的租赁不具有稀缺性，即随时可在市场上租赁到，企业在与出租方签订租赁合同时，可以分期签订。这样做既可以规避设备在短期内被淘汰的风险，又可以使印花税分期缴纳，充分利用了资金的时间价值。

【纳税筹划执行】

方案一，双方于2014年1月1日签订了租期为10年的租赁合同。

2014年1月1日，双方分别缴纳印花税：1 000×1‰ =1（万元）。

方案二，双方于2014年1月1日签订了租期为1年的租赁合同，以后连续9年，每年的1月1日都签订租期为1年的租赁合同。

2014年1月1日，双方分别缴纳印花税：100×1‰ =0.1（万元）。

以后连续9年，每年的1月1日，双方分别缴纳印花税：100×1‰ =0.1（万元）。

甲企业和乙租赁公司于 2014 年 1 月 1 日第一次贴花开始，连续 10 年的每年 1 月 1 日均分别缴纳 0.1 万元的印花税，虽然缴纳印花税总额是不变的，但在基准利率[1]为正的情况下，延缓了纳税时间，利用了资金的时间价值。因此，甲企业和乙租赁公司应当选择方案二。

9.7.4 城建税的纳税筹划

在城建税的纳税过程中，可以从三个方面进行纳税筹划，分别是企业选址、委托加工地点选择和降低城建税计税依据，充分利用现有资源，达到合理节税的目的。

1. 企业选址的纳税筹划

如果企业能够结合自身情况进行科学选址，就可以减少相关税负，提高企业经营效益。

下面我们通过【案例 10】具体了解企业选址的纳税筹划的方法。

【案例 10】甲企业在设立选址时有两个方案：一是设在市区，二是设在县城。假设无论选择哪种方案，都不会影响其经济效益，并且当期流转税合计为 100 万元，请对甲企业的城建税进行纳税筹划。

【纳税筹划依据】

纳税人所在地在市区的，城建税税率为 7%；在县城、镇的，税率为 5%；不在市区、县城或镇的，税率为 1%。

【纳税筹划思路】

不同的地区规定了不同的城建税税率，企业可以根据自身的情况，在不影响经济效益的前提下，选择城建税适用税率低的地区设立企业，这样不仅可以少缴纳城建税，还能降低房产税与城镇土地使用税的税负。

【纳税筹划执行】

方案一，设在市区。

应纳城建税 = 100×7%=7（万元）

---

[1] 基准利率是金融市场上具有普遍参照作用的利率，其他利率水平或金融资产价格均可根据这一基准利率水平来确定。

方案二，设在县城。

应纳城建税 = 100×5%=5（万元）

方案二比方案一少缴纳城建税 2 万元（7-5），因此，甲企业应当选择方案二。在有些情况下，将企业设在县城有可能影响企业的生产经营业绩，因此，企业不能只考虑城建税税负因素来为企业进行选址。

2. 委托加工地点选择的纳税筹划

对于企业来说，除了自身节税，还可以择优选择上下游企业或合理委托加工企业，利用受托方以所在地适用较低的税率代收代缴城建税的政策，达到节税目的。

下面我们通过【案例 11】具体了解委托加工地点选择的纳税筹划的方法。

【案例 11】甲公司拟委托加工一批化妆品，由受托方代收代缴消费税 500 万元。现有两个受托方可以选择：一是设在市区的乙公司，二是设在县城的丙公司。请对甲公司的城建税进行纳税筹划。

【纳税筹划依据】

对由受托方代收代缴"三税"的单位和个人，由受托方按其所在地适用的税率代收代缴城建税。

【纳税筹划思路】

企业可以选择城建税税率比本企业低的地区的受托方来进行委托加工。

【纳税筹划执行】

方案一，选择设在市区的乙公司作为受托方。

应纳城建税 = 500×7%=35（万元）

方案二，选择设在县城的丙公司作为受托方。

应纳城建税 = 500×5%=25（万元）

方案二比方案一少缴纳城建税 10 万元（35-25），因此，甲公司应当选择方案二。企业不能只考虑受托方的地址，还应考虑受托方的信誉、加工质量等各种因素。

3. 降低城建税计税依据的纳税筹划

城建税是以增值税、消费税"二税"实际缴纳的税额之和为计税依据的附加税，因此，做好增值税和消费税的纳税筹划，可以达到合法节税的效果。

下面通过【案例 12】具体了解降低城建税依据的纳税筹划的方法。

【案例 12】甲企业为增值税一般纳税人，2020 年该企业实际缴纳增值税 100 万元，当地适用的城建税税率为 7%。请对甲企业的城建税进行纳税筹划。

【纳税筹划依据】

城建税的计税依据是纳税人实际缴纳的增值税、消费税税额之和。

【纳税筹划思路】

企业可以通过降低应纳增值税、消费税等的税额，从而减少城建税的计税依据，降低企业税负。

【纳税筹划执行】

方案一，实际缴纳增值税 100 万元。

应纳城建税 = 100×7%=7（万元）

方案二，通过降低应纳增值税、消费税等的税额，将实际缴纳增值税减少至 90 万元。

应纳城建税 = 90×7%=6.3（万元）

方案二比方案一少缴纳城建税 0.7 万元（7-6.3），因此，甲企业应当选择方案二。可见，做好增值税、消费税的纳税筹划是十分重要的。

9.7.5 契税的纳税筹划

在契税的缴纳上，企业财税人员可以合理运用在法律、法规允许范围内的手段和方法，以达到有效节税的目的。例如，通过利用房屋等价交换、减少涉税环节和隐性赠与等方式进行纳税筹划。

1. 利用房屋等价交换进行纳税筹划

在进行房屋不等价交换之前，房屋价值较低的一方可以按另一方的想法使房屋达到等额价值，由此减少契税的缴纳。

下面我们通过【案例 13】具体了解利用房屋等价交换进行纳税筹划的方法。

【案例 13】甲公司以价值 1 000 万元的办公楼与乙公司价值 1 200 万元的厂房进行交换，并向乙公司支付差价 200 万元。假设乙公司打算出资 200 万元对换入的办公楼进行装修，并且甲公司获悉乙公司未来的装修打算，请对甲公司的契税进行纳税筹划。本地契税适用税率为5%。

【纳税筹划依据】

当房屋产权相互交换时，如果双方交换价值相等，则免纳契税；如果双方交换价值不相等，则按超出部分由支付差价方缴纳契税。

【纳税筹划思路】

当双方交换不等价的房屋时，如果能够通过一定的方法降低双方交换房屋的差价，那么以差价为计税依据计算出来的应纳契税就会相应降低。

【纳税筹划执行】

方案一，甲公司与乙公司进行产权交换，并且甲公司向乙公司支付差价200万元。

甲公司应纳契税 =200×5%=10（万元）

方案二，甲公司在与乙公司进行产权交换之前，由甲公司先对自己的办公楼按乙公司的要求进行装修，装修费用为 200 万元。

此时，办公楼的价值变为 1 200 万元，双方交换属于等价交换，因此不必缴纳契税。

方案二比方案一少缴纳契税 10 万元，因此，甲公司应当选择方案二。但是，由于甲公司先对自己的办公楼按乙公司的要求进行装修这项计划，未必能够得到乙公司的同意，因此限制了这种纳税筹划方案的实施。

2. 减少涉税环节进行纳税筹划

在涉及多个主体的情况下，可以通过减少权属转移环节达到节税的目的。

下面我们通过【案例 14】具体了解减少涉税环节进行纳税筹划的方法。

【案例 14】甲、乙、丙为三方当事人，甲和丙均拥有一套价值 100 万元的房屋，乙欲购买甲的房屋，甲打算购买丙的房屋后出售其原有房屋。假设甲、乙、丙三方都知道各自的购房或售房供求信息，且本地契税适用税率为 5%，请对甲、乙、丙的契税进行纳税筹划。

【纳税筹划依据】

契税的纳税义务人是境内转移土地、房屋权属承受的单位和个人。如果房屋产权相互交换时，双方交换价值相等，则免纳契税。

【纳税筹划思路】

由于每发生一次土地、房屋权属转移，权属承受方就要发生一次契税的纳税行为，因此，如果能够减少权属转移环节，就可以达到降低契税税负的目的。

【纳税筹划执行】

方案一，乙购买甲的房屋，甲购买丙的房屋后出售其原有房屋。

乙购买甲的房屋时，乙应纳契税 = 100×5%=5（万元）。

甲购买丙的房屋时，甲应纳契税 = 100×5%=5（万元）。

方案二，先由甲和丙交换房屋后，再由丙将房屋出售给乙。

甲和丙交换房屋所有权为等价交换，没有价格差异，不用缴纳契税。

丙将房屋出售给乙时，乙应纳契税 = 100×5%=5（万元）。

方案二比方案一少缴纳契税 5 万元（10-5），因此，甲、乙、丙应当选择方案二。现实中，虽然甲、乙、丙为三方当事人出现上述行为的可能性较小，但这种纳税筹划方案至少给出了一种思路。

3. 利用隐性赠与进行纳税筹划

在某些情况下，纳税人可以利用隐性赠与等方式来进行纳税筹划，以达到节税的目的。

下面我们通过【案例15】具体了解利用隐性赠与进行纳税筹划的方法。

【案例15】张某向其表弟赠送一套住房，该套住房价值 100 万元。本地契税的适用税率为 3%，请对张某的表弟应缴纳的契税进行纳税筹划。

【纳税筹划依据】

契税的征税对象是境内转移的土地、房屋权属，具体包括土地使用权的出让、转让及房屋的买卖、赠与、交换。

【纳税筹划思路】

在赠与房屋的行为中，可通过隐性赠与等方式来达到避免缴纳契税的目的。比如，不办理产权转移手续。

【纳税筹划执行】

方案一，张某与其表弟办理产权转移手续。

张某的表弟应纳契税 = 100×3%=3（万元）

方案二，张某与其表弟不办理产权转移手续。

张某的表弟不必缴纳契税。

方案二比方案一少缴纳契税3万元，因此，张某与其表弟应当选择方案二。但是，由于方案二双方未办理产权转移手续，因此该套住房在法律上仍属于张某。

9.7.6 车辆购置税的纳税筹划

纳税人购买自用的应税车辆的计税价格，为纳税人购买应税车辆而支付给销售者的全部价款和价外费用（不包括增值税税款）。价外费用是指销售方价外向购买方收取的基金、集资费、返还利润、补贴、违约金（延期付款利息）、手续费、包装费、储存费、优质费、运输装卸费、保管费、代收款项、代垫款项及其他各种性质的价外收费。这为纳税人对车辆购置税进行纳税筹划提供了思路。

1. 降低计税依据进行纳税筹划

纳税人在代收款项等价外费用方面可以降低计税额。

下面我们通过【案例16】具体了解降低计税依据进行纳税筹划的方法。

【案例16】甲企业从乙汽车销售公司购买一辆轿车自用，支付车款234 000元（含增值税，销售方适用的增值税税率为13%）。另外，甲企业支付临时牌照费200元，随车购买工具用具3 000元，支付保险金350元，支付车辆装饰费15 170元。各款项由乙汽车销售公司开具发票。请对甲企业的车辆购置税进行纳税筹划。

【纳税筹划依据】

（1）代收款项应区别对待。如果使用代收单位的票据收取的款项，则应视为代收单位的价外费用，并入计算征收车辆购置税；如果使用委托方的票据收取受托方只履行代收义务或收取手续费的款项，则不应并入计算征收车辆购置税，按其他税收政策规定征税。

（2）购买者随车购买的工具或零件应作为购车款的一部分，并入计税价格征收车辆购置税；但如果不同时间或销售方式不同，则不应该并入计征车辆购置税。

（3）支付的车辆装饰费应该作为价外费用，并入计征车辆购置税；但如果不同时间或收款方式不同，则不应并入计征车辆购置税。

【纳税筹划思路】

甲企业可以通过将各项费用由有关单位（企业）另行开具票据，尽量不将价外费用并入计税价格的方式，降低车辆购置税税负。

【纳税筹划执行】

方案一，各款项由汽车销售公司开具发票。

车辆购置税计税价格 =（234 000+200+3 000+350+15 170）/（1+13%）= 223 646.02（元）

应纳车辆购置税 = 223 646.02×10%=22 364.60（元）

方案二，各款项由相关单位另行开具发票。

车辆购置税计税价格 = 234 000/（1+13%）=207 079.65（元）

应纳车辆购置税 = 207 079.65×10%=20 707.97（元）

方案二比方案一少缴纳车辆购置税 1 656.63 元（22 364.60-20 707.97），因此，甲企业应当选择方案二。各款项由相关单位另行开具发票，可降低车辆购置税的计税依据，从而降低车辆购置税税负。

2.选择汽车经销商进行纳税筹划

不同的汽车经销商有不同的增值税纳税人身份，选择合适的汽车经销商，能够降低车辆购置税税负。

下面我们通过【案例17】具体了解选择汽车经销商进行纳税筹划的方法。

【案例17】张某欲购买一辆轿车自用，现有两个汽车经销商可供选择：一是从作为小规模纳税人的车辆经销商乙公司处购买，车款为 58 500 元（含增值税，销售方适用的增值税征收率为3%）；二是从作为一般纳税人的车辆经销商丙公司处购买，车款为 58 500 元（含增值税，销售方适用的增值税税率为13%）。请对张某的车辆购置税进行纳税筹划。

【纳税筹划依据】

纳税人购买自用的应税车辆的计税价格，为纳税人购买应税车辆而支付给销售者的全部价款和价外费用（不包括增值税税款）。不含增值税销售额的计算公式为：销售额 = 含税销售额 /（1+ 增值税税率或征收率）。

【纳税筹划思路】

对汽车经销商为消费者开具的机动车销售统一发票，凡经销商不能提供增值税一般纳税人证明的，对车辆购置税的纳税人一律按 3% 的征收率换算车辆购置税计税依据；对经销商能提供增值税一般纳税人证明的，对车辆购置税的纳税人按 13% 的增值税税率换算车辆购置税计税依据。因此，在车辆购置价格相同的情况下，消费者应从作为一般纳税人的车辆经销商处购买，以降低车辆购置税税负。

【纳税筹划执行】

方案一，从作为小规模纳税人的车辆经销商乙公司处购买。

应纳车辆购置税 = [58 500/（1+3%）]×10%=5 679.61（元）

方案二，从作为一般纳税人的车辆经销商丙公司处购买。

应纳车辆购置税 = [58 500/（1+13%）]×10%=5 176.99（元）

方案二比方案一少缴纳车辆购置税 502.62 元（5 679.61-5 176.99），因此，张某应当选择方案二。选择汽车经销商的增值税纳税人身份，不能单纯地以车辆购置税的税负大小为标准，还应考虑售后服务、企业形象等各方面因素。

实操笔记

【判断题】在印花税的纳税过程中，如果根据实际情况，选择分开记载经济事项、采取保守金额、改变借款方式和利用分期租赁这四种方法来进行纳税筹划，就可以充分利用现有资源，达到合理节税的目的。

答案：对

参考文献

[1] 李超. 纳税筹划 [M]. 南京：南京大学出版社，2017.

[2] 伊虹，田淑华. 纳税实务 [M]. 北京：清华大学出版社，2017.

[3] 尚元君. 税务会计 [M]. 北京：中国人民大学出版社，2018.

[4] 梁文涛. 纳税筹划实务与操作 [M]. 北京：北京交通大学出版社，2014.

[5] 李雪，刘悦，等. 企业纳税实务 [M]. 北京：清华大学出版社，2013.

[6] 王丽花. 纳税税务与筹划 [M]. 北京：电子工业出版社，2014.

[7] 肖厚雄. 纳税服务理论与实践 [M]. 北京：中国财政经济出版社，2010.

[8] 注册会计师全国统一考试应试指导编写组. 税法 [M]. 北京：华文出版社，2019.